Ünlülerin Reenkarnasyon Hakkında Söyledikleri

"Yeniden yaşamak diye bir şeyin gerçekten var olduğuna, yaşayanın ölüden kaynaklandığına ve ölenlerin ruhlarının varlığını sürdürdüğüne eminim."

– Sokrat

"Ruh geçici bir eve yerleşir gibi dışarıdan insan bedenine gelir ve sonra tekrar dışarıya çıkıp diğer ikametlere geçer, çünkü ruh ölümsüzdür."

– Ralph Waldo Emerson
Ralph Waldo Emerson'ın Günlüğünden

"Ne doğduğumda başladım, ne de ana rahmine düştüğümde. Hesaplanamayacak kadar çok bin yıllardır büyüyorum, gelişiyorum... İçimde tüm eski benliklerimin sesleri, akisleri ve anımsatmalarla dolu fısıltıları var... Sayısız kez tekrar doğacağım."

– Jack London
The Star Rover

"Ölüm yoktur. Eğer her şey Tanrı'nın bir parçasıysa, ölüm nasıl olabilir? Ruh asla ölmez ve beden asla gerçek anlamda canlı değildir."

– Isaac Bashevis Singer
Nobel Ödüllü Yazar
ˑanın Ardından Hikâyeler

"O, tüm bu suret ve yüzleri binlerce ilişkide gördü. Yeniden doğdu. Her biri ölümlüydü; geçici olan her şeyin ihtiraslı, acı dolu bir örneğiydi. Buna karşın hiçbiri ölmedi; sadece değiştiler; hep yeniden doğdular; devamlı yeni yüzler aldılar; bir yüzle diğeri arasında sadece zaman vardı."

– Herman Hesse
Nobel Ödüllü Yazar
Siddhartha

"Bizlerin, yaşamda yemek yemek, dövüşmek veya sürüde gücünü ispat etmekten daha önemli şeyler olduğunu ilk kez kavrayana kadar bile, kaç yaşamdan geçmiş olmamız gerektiği konusunda bir fikriniz var mı? Binlerce yaşam, Jon, on binlerce!... Sonraki dünyamızı bu yaşamda öğrendiklerimizle seçeriz. Fakat siz, Jon, bir kerede o kadar çok şey öğrendiniz ki, bu yaşama ulaşmak için binlercesinden geçmeniz gerekmedi."

– Richard Bach
Jonathan Livingstone Seagal

"Şimdiki yaşamımızda binlerce kez düş gördüğümüz gibi, bu yaşamımız da, öldükten sonra geri döndüğümüz diğer daha gerçek yaşamımızdan giriş yaptığımız binlerce hayattan sadece biridir. Yaşamımız, o daha gerçek yaşamın sadece rüyalarından biridir ve dolayısıyla ta sonuncusuna kadar, Tanrı'nın son derece gerçek yaşamına varana kadar sonsuzdur."

– Kont Leo Tolstoy

REENKARNASYON BİLİMİ

Śrī Śrīmad
A.C. Bhaktivedanta Swami Prabhupāda'nın
Uluslararası Kṛṣṇa Bilinci Topluluğu Kurucu Açaryası
Öğretileri Esas Alınarak Hazırlanmıştır

Bhaktivedanta Kitapları Serisi

Vedik Kitaplar insan hayatının en önemli sorularını cevaplar:
Ben kimim? Neden buradayım? Hayatın amacı nedir?
Aynı zamanda psikoloji, politika, sevgi, sanat, kozmoloji, yoga
gibi konuları araştırır…

© BBT Yayınevi

Tüm hakları saklıdır.

1. Basım – Ocak 2022

ISBN 978-605-80301-3-8

Bu konularla ilgileniyorsanız daha fazla bilgi ve
A.C. Bhaktivedanta Svāmī Prabhupāda'nın diğer kitapları için
lütfen www.bbtturkiye.com web sitemizi ziyaret ediniz.
Ayrıca yorum ve fikirlerinizi info@bbtturkiye.com
e-posta adresimize yazabilirsiniz.

Baskı:
Bizim Buro Basım Evi Yayın ve Dağıtım Hizmetleri Sanayi Ve Tic. Ltd.Şti.
Adres: Zübeyde Hanım Mahallesi Sedef Caddesi No: 6/A Altındağ / ANKARA
Sertifika No: 26649

İçindekiler

Önsöz: Ölümsüzlük Arayışı	11
Giriş: Bilincin Gizemi	15
1. Reenkarnasyon: Sokrat'tan Salinger'e	21
Eski Yunan	22
Musevilik, Hıristiyanlık ve İslamiyet	22
Orta Çağ ve Rönesans	24
Aydınlanma Çağı	25
Transandantalizm	26
Modern Çağ	28
Bhagavad-gītā: Reenkarnasyon üzerine Zamanı Aşan Kaynak Kitap	31
2. Beden Değiştirme	41
Ruh Nasıl Algılanır	42
"Ben Brahman'ım, Ruhum"	43
Bu Yaşamda Reenkarnasyon	44
Beden Rüya Gibidir	46
Herkes "Ben bu Beden Değilim" Kavramını Bilir	48
İnsan Yaşamının Amacı	50
Nasıl Kusursuz Olunur	54
Hayvanları Aşmak	54
Ölümsüzlüğün Sırrı	56
3. Ruh Araştırması	59
Kalp Cerrahı Ruhun Ne Olduğunu Bilmek İstiyor	59
Śrila Prabhupāda Vedik Kanıtları Sunuyor	61
4. Üç Reenkarnasyonun Tarihçesi	65
I. Milyonlarca Annesi Olan Prens	67
II. Şefkat Kurbanı	77
Kral Bharata Geyik Oluyor	81
Jaḍa Bharata'nın Yaşamı	82
Jaḍa Bharata Kral Rahūgan'a Bilgi Veriyor	85

6 | REENKARNASYON BİLİMİ

III. Öteden Ziyaretçiler ... 91

5. Ruhun Gizemli Yolculuğu ... 99
Yaşamımız Zaman İçinde Sadece Bir Andır ... 99
Seçtiğiniz Bedeni Alırsınız ... 99
Ölüm Bir Önceki Yaşamın Unutulmasıdır ... 100
Ruh Önce İnsan Sureti Alır ... 100
Reenkarnasyon Bilimi Modern Bilim Adamları
  İçin bir Bilinmeyendir ... 101
Reenkarnasyon Konusunda Bilgisizlik Tehlikelidir ... 101
"Ve Sen Toza Geri Döneceksin" ... 103
Astroloji ve Reenkarnasyon ... 103
Düşünceleriniz Bir Sonraki Bedeninizi Yaratır ... 104
Neden Bazı İnsanlar Reenkarnasyonu
  Kabul Edemiyor? ... 105
Sadece Bir Kaç Yıl Daha! ... 105
Ameliyatsız Cinsiyet Değişimi ... 106
Rüyalar ve Geçmiş Yaşamlar ... 106
Koma ve Gelecek Yaşamlar ... 107
Hayaletler ve İntihar ... 107
Beden Değişimi: Maya'nın Yansımaları ... 107
Politikacılar Kendi Ülkelerinde Yeniden Doğarlar ... 108
Hayvanları Öldürmek Neden Yanlıştır? ... 108
Evrim: Ruhun Türler Arasındaki Yolculuğu ... 109
Maya'nın Yanılsamaları ... 110

6. Reenkarnasyonun Mantığı ... 113

7. Neredeyse Reenkarnasyon ... 119
Reenkarnasyon: Gerçek Beden Dışı Deneyim ... 120
Hipnozla Geçmişe Dönüş Bize Tüm
  Resmi Göstermez ... 122
Bir Kez İnsan, Hep İnsan! ... 125
Ölüm Acısız bir Geçiş Değildir ... 126

8. Geri Gelmeyin ... 131
Karma ve Reenkarnasyondan Kurtulmanın
  Pratik Yöntemleri ... 134

Sözlük ... 141

İthaf

Bu kitabı, yetkili reenkarnasyon bilimi dâhil, Rab Kṛṣṇa'nın transandantal öğretilerini Batı dünyasına getiren sevgili spirituel öğretmenimiz ve yol göstericimiz Śrī Śrīmad A.C. Bhaktivedanta Swami Prabhupāda'ya adıyoruz.
— *Editörler*

Śrī Śrīmad A.C. Bahktivedanta Swami Prabhupāda'nın Kitapları:

- Bhagavad-gītā As It Is
- Śrīmad-Bhāgavatam (18 volumes)
- Śrī Caitanya-caritāmṛta (9 volumes)
- Kṛṣṇa – The Supreme Personality of Godhead
- Teachings of Lord Caitanya
- The Nectar of Devotion
- The Nectar of Instruction
- Śrī Īśopaniṣad
- Light of the Bhāgavata
- Easy Journey to Other Planets
- The Science of Self-Realization
- Kṛṣṇa Conciousness: The Topmost Yoga System
- Perfect Questions, Perfect Answers
- Teachings of Lord Kapila, the Son of Devahūti
- Transcendental Teachings of Prahlāda Mahārāja
- Teachings of Queen Kuntī
- Kṛṣṇa, the Reservoir of Pleasure
- The Path of Perfection
- Life Comes from Life
- Message of Godhead
- The Perfection of Yoga
- Beyond Birth and Death
- On the Way to Krsna
- Rāja-vidyā: The King of Knowledge
- Elevation to Kṛṣṇa Conciousness
- Kṛṣṇa Conciousness: The Matchless Gift
- The Nārada-bhakti-sūtra
- The Mukunda-mālā-stotra
- A Second Chance
- The Journey of Self-Discovery
- The Laws of Nature
- Renunciation through Wisdom
- Civilization & Transcendence
- The Quest for Enlightenment
- Beyond Illusion and Doubt
- Dharma: The way of Trancendence
- Introduction to Bhagavad-gītā
- The Hare Kṛṣṇa Challenge
- Back to Godhead Magazine (founder)

Konu ile ilgili Türkçe kitaplar:

- Bahagavad-gītā Özgün Haliyle
- Mutluluk Mantrası
- Reenkarnasyon Bilimi
- Doğum ve Ölümün Ötesi
- Doğa Yasaları "Yanılmayan Adalet"
- Krişna Yolu

Çağdaş Vedik Kütüphane Serisi

Bhaktivedanta Book Trust Çağdaş Vedik Kütüphane serisi Hindistan'ın Vedik bilgeliğinin zamanı aşan bilgilerinin bakış açısıyla güncel ilgi alanlarını inceler.

Uluslararası Kṛṣṇa Bilinci Topluluğu Kurucu Ācāryası (manevi öğretmen) Śrī Śrīmad A.C. Bhaktivedanta Swami Prabhupāda, yetkili gurular zincirinden alınan Vedik literatürü modern çağın insanına sunmak üzere 1970 yılında Bhaktivedanta Book Trust'ı kurdu. Tarihte ilk kez Śrīla Prabhupāda'nın tercümeleri ve yorumları aracılığıyla dünyanın en derin felsefe geleneği kısa zamanda geniş Batı izleyici kitlesi üzerinde ciddi bir etki göstermeye başladı. Dünya üzerinde yüzlerce bilim adamı Śrīla Prabhupāda'nın kitaplarını incelediler; eksiksiz bilginliğini ve orijinal Sanskrit metinlere bağlılığını; en derin ve incelikli felsefi konuları son derece sade ve kolay anlaşılır bir şekilde iletme konusundaki eşsiz yeteneğiyle birlikte övgüyle kamuoyuna duyurdular. Britannica Ansiklopedisi orijinal Sanskrit dilinden ciltler dolusu tercüme ve net yorumun "dünya çapında edebi ve akademik çevreleri hayrete düşürdüğünü" bildirdi.

Vedik bilgi zamanın başlangıcından beri milyonlarca insan için içsel huzurun, derin bilgeliğin ve spiritüel ilhamın kaynağı olmuştur. Bizler yirmi birinci yüzyıla yaklaşırken, Çağdaş Vedik Kütüphane baskıları, bu transandantal bilginin, doğru uygulandığında, modern insanın yüz yüze olduğu sayısız problemi aşmasında, ona nasıl yardımcı olacağını pratik olarak ortaya koymak üzere tasarlanmıştır.

Önsöz

Ölümsüzlük Arayışı

Bizler sonsuza dek yaşayacakmışız gibi davranıyorduk. Beatles döneminde herkes böyle düşünüyordu, öyle değil mi? Yani, kim öleceğimizi düşünüyordu ki?
— *Eski Beatle Paul McCartney*

Kaderiniz üstünde gerçek bir denetim edinmek istiyorsanız, reenkarnasyonu ve nasıl bir süreç olduğunu anlamanız gerekir. Konu bu denli basittir.

Kimse ölmek istemez. Çoğumuz sonsuza dek tümüyle dinç, yüzümüz kırışmadan, saçlarımıza ak düşmeden ve eklem iltihabı olmadan yaşayabilmeyi dileriz. Bu doğaldır, çünkü yaşamın ilk ve ana ilkesi haz duymaktır. Keşke sonsuza dek yaşamdan haz duyabilseydik!

İnsanoğlunun ölümsüzlük peşindeki sonsuz arayışı öylesine derindir ki, bizler ölümü kavramayı neredeyse olanaksız buluruz. Pulitzer Ödüllü yazar William Saroyan (İnsanlık Komedisi'nin yazarı) ölümünden hemen önceki günlerde birçok kişinin görüşünü aksettiren şu sözleri medyaya söylüyordu: "Herkes bir gün ölecektir; ama ben hep bana bir ayrıcalık tanınacağına inandım. Peki, şimdi ne olacak?"

Çoğumuz ölümü ve ölümden sonra olacakları ya hiç düşünmeyiz ya da nadiren düşünürüz. Bazıları ölümün her şeyin sonu olduğunu söyler. Kimisi cennete ve cehenneme inanır. Bazıları da bu hayatın yaşadığımız ve gelecekte yaşayacağımız pek çok hayattan sadece biri olduğunu kabul eder; dünya nüfusunun üçte birden fazlası, yani bir buçuk milyar kişiden çoğu reenkarnasyonu yaşamın değişmez bir gerçeği olarak kabul eder.

Reenkarnasyon bir "inanç sistemi" ya da ölümün "acımasız kesinliğinden" kaçış olarak ortaya atılan psikolojik bir hile değildir; geçmiş ve gelecek yaşamlarımızı anlatan kesin bir bilimdir. Bu konuda genellikle hipnozla geçmişe dönüş, ölüm öncesi deneyimler, ruhun beden dışı deneyimleri veya deja-vu konularını temel alan birçok kitap yazılmıştır.

Fakat reenkarnasyon üzerine yazılmış kitapların çoğu yanlış bilgilerle dolu, aşırı spekülatif, suni ve sonuca ulaşmayan eserlerdir. Bazı kitaplar hipnoz altında geçmiş yaşamlara geri döndürülen kişilerin vakalarını belgelediklerini iddia ederler. Bu kişiler yaşamış oldukları evlerin ayrıntılı tanımını, yürüdükleri caddeleri, çocukken sık sık gittikleri parkları ve eski ebeveynlerinin, arkadaş ve akrabalarının isimlerini anlatırlar. Bütün bunları okumak oldukça ilginçtir ve bu tür kitaplar insanların reenkarnasyona gittikçe artan ilgi ve inancını kesinlikle canlandırmaktadır; bununla birlikte dikkatli araştırmalar bu sözüm ona geçmiş yaşama dönüş vakalarından pek çoğunun tahminlerle, hatalarla hatta sahtekârlıkla dolu olduğunu ortaya koymuştur.

Ama en önemlisi bu gözde çalışmaların hiçbiri, ruhun bir maddi bedenden bir diğerine ebedi geçişinin sade süreci gibi reenkarnasyonun temel öğelerini açıklamamaktadırlar. Nadiren temel ilkeler tartışıldığında, yazarlar, sanki sadece bazı özel ya da doğuştan kabiliyetli canlılar reenkarne oluyormuş da diğerleri olmuyormuş gibi, genellikle reenkarnasyonun nasıl ve hangi özel durumlarda olduğuna dair kendi teorilerini sunarlar. Bu tür sunumlar, reenkarnasyon bilimi ile ilgilenmek yerine, akıl karıştırıcı uydurmalar ve çelişkiler sunarak, okuru yanıtlanmamış bir dizi soru ile baş başa bırakır.

Örneğin: Kişi yeni bir bedene ansızın mı geçer, yoksa bu

geçiş uzun sürede yavaş yavaş mı olur? Öteki canlı varlıklar, örneğin hayvanlar, insan bedenine geçebilirler mi? İnsan ruhu hayvan bedenine geçebilir mi? Geçerse, bu nasıl ve neden olur? Sonsuza dek beden değiştirir miyiz, yoksa bir noktada bu sona erer mi? Ruh cehennemde sonsuza dek mi ıstırap çeker, ya da cennette ebediyen zevk içinde mi yaşar? Gelecek doğumlarımızı kontrol edebilir miyiz? Bunu nasıl yapabiliriz? Başka gezegen veya evrenlerde yeniden doğabilir miyiz? İyi ve kötü eylemlerimiz gelecekteki bedenimizin belirlenmesinde rol oynar mı? *Karma* ile reenkarnasyon arasındaki ilişki nedir?

Reenkarnasyon Bilimi yukarıdaki soruları tamamıyla yanıtlamaktadır, çünkü reenkarnasyonun gerçek doğasını bilimsel olarak açıklamaktadır. Son olarak bu kitap, okura, gizemli ve genellikle yanlış anlaşılan, insanlığın kaderinin şekillenmesinde hayati bir rol oynayan gerçek olan reenkarnasyon fenomenini kavramak ve üzerine yükselebilmek için pratik öneriler sunmaktadır.

"Yaşamın gizemini araştırmalarım sonucunda elimde cansız atomlar ve elektronlarla kalakaldım. Bu arayış esnasında bir yerde yaşam parmaklarımın arasından kayıp gitmişti."
– Nobel ödüllü bilim adamı, Albert Szent Györgi

Giriş

Bilincin Gizemi

Ölüm. İnsanoğlunun en gizemli, amansız ve kaçınılmaz düşmanı. Ölüm yaşamın sonu mu demektir, yoksa sadece başka bir yaşama, başka bir boyuta veya başka bir dünyaya açılan kapı mıdır?

İnsanoğlunun bilinci ölüm deneyiminin ötesine geçebiliyorsa, o zaman yeni gerçeklere geçişi ne belirler?

Bu gizemleri net olarak anlayabilmek için, insanoğlu, geleneksel olarak aydınlanmış filozoflara başvurmuş; onların öğretilerini yüksek gerçeğin bir temsilcisi olarak kabul etmiştir.

Arayış içinde olan kişi, bilgiyi ne kadar dikkatle analiz ederse etsin, bazıları daha yüksek bir otoriteden bilgi edinme metodunu eleştirirler. *Small is beautiful (Küçük Güzeldir)*'in yazarı ve sosyal filozof E.F. Schumacher, doğa ve geleneksel bilgelikten uzak çağdaş toplumumuzda, insanların "alay etmeyi moda saydıklarını ve sadece gördükleri, dokundukları ve ölçebildikleri şeylere inandıklarına" dikkat çekmiştir. Ya da diğer bir deyişle, "Görmek inanmaktır".

Ama insanoğlu, maddi algıların, ölçü aletlerinin ve zihinsel spekülasyon yeteneğinin ötesinde bir şeyi anlamaya çalıştığında, daha yüksek bir bilgi kaynağına başvurmaktan başka bir çaresi yoktur.

Hiçbir bilim adamı laboratuar araştırmalarıyla bilincin gizemini veya maddi bedenin ölümünden sonra bilincin gittiği yeri başarıyla açıklayabilmiş değildir. Bu alandaki araştırmalar farklı teoriler doğurmuştur, ama bunların eksiklikleri dikkate alınmalıdır.

Öte yandan reenkarnasyonun sistemli ilkeleri, geçmiş, şimdiki ve gelecek zamanımızı yöneten incelikli yasaları kapsamlı bir şekilde açıklayabilmektedir.

Eğer kişi reenkarnasyonu biraz olsun anlamak istiyorsa, bilincin, fiziksel bedeni oluşturan maddeden ayrı ve daha üstün bir enerji olması temel kuramını kabul etmelidir. Bu ilke, insanın özgün düşünme, hissetme ve arzulama kapasitesinin incelenmesiyle desteklenir. DNA lifleri veya diğer genetik bileşenler, bir insanın diğer bir insana duyduğu saygı ve sevgiye neden olabilirler mi? Shakespeare'in *Hamlet*'i veya Bach'ın "B Minör Ayini"ndeki zarif sanatsal nüanslardan hangi atom ya da molekül sorumludur? İnsanoğlu ve sonsuz yetenekleri sadece atom ve moleküllerle açıklanamaz. Modern fiziğin babası Einstein, bilincin, fiziksel fenomenlerle yeterince açıklanamayacağını kabul etmiştir. Büyük bilim adamı, "Günümüzde bilimin öne sürdüğü önermelerin insan yaşamına uygulanması modası yalnızca tamamıyla yanlış değildir; suçlanabilir yanları da vardır," demiştir.

Hakikaten bilim adamları, ilgi alanları içerisindeki diğer her şeyi yönlendiren fiziksel yasalar aracılığıyla bilinci açıklamakta başarısız olmuşlardır. Bu başarısızlıktan hüsrana uğrayan, fizyoloji ve tıp dallarında Nobel ödüllü Albert Szent-Györgyi geçenlerde şöyle yakınmıştır: "Yaşamın gizini araştırırken, cansız atomlar ve elektronlarla kalakaldım. Ben çalışırken yaşam parmaklarımın arasından kayıp gitmiş. Bu nedenle ilerlemiş yaşımda kendi adımlarımı yeniden izlemeye çalışıyorum."

Bilincin, moleküller arası etkileşim sonucu ortaya çıktığı görüşünü kabul etmek, metafizik açıklamalara göre olanı kabul etmekten çok daha büyük bir inanç sıçrayışını gerektirir. Ünlü biyolog Thomas Huxley'in dediği gibi: "Bana oldukça net biçimde öyle geliyor ki evrende bilinmesi gereken üçüncü bir şey var, yani bilinç ki bunun madde ya da güç ya da bunlardan herhangi birisinin kavranabilir bir değişimi olduğunu göremiyorum..."

Bilincin eşsiz özelliklerinin daha detaylı kabulü, Nobel ödüllü fizikçi Niels Bohr tarafından, şu sözlerle ortaya konmuştur: "Şu kabul edilmeli ki, bizler fizik ya da kimyada bilinçle uzaktan yakından ilgili hiçbir şey bulamayız. Buna karşın hepimiz bizde de olduğu için bilinç diye bir şeyin var olduğunu biliyoruz. Dolayısıyla bilinç doğanın bir parçası olmalıdır, ya da daha genel anlamda gerçeğin bir parçası olmalıdır; bu da demektir ki, kuantum teorisinde ortaya konduğu gibi, fizik ve kimya yasalarının oldukça dışında, oldukça değişik türden yasaları da dikkate almalıyız." Bu gibi yasalar elbette, bilincin bir fiziksel bedenden diğerine geçişini yöneten reenkarnasyon yasalarını da içerebilir.

Bu yasaları anlamaya başlamak için, reenkarnasyonun yabancı, karşıt bir olay değil, şimdiki yaşamımız da dâhil bedenimizde düzenli olarak gerçekleşen bir olay olduğunu dikkate alabiliriz. "İnsan Beyni" adlı kitabında Profesör John Pfeiffer, "Vücudunuz yedi yıl önce içerdiği moleküllerin hiçbirini şimdi içermez," demektedir. Her yedi yılda bir kişinin bedeni tümüyle yenilenir. Bununla beraber gerçek kimliğimiz olan benlik değişmeden kalır. Bedenimiz çocukluktan gençliğe, gençlikten olgunluğa, daha sonra da yaşlılığa doğru bir değişim gösterir; oysa vücut içerisindeki kişi, "ben" daima aynı kalır.

Bilinçli benliğin fiziksel vücuttan bağımsız varlığı ilkesine dayanan reenkarnasyon, canlı varlığın bir maddi suretten diğerine geçişine hükmeden yüksek boyut bir sisteminin parçasıdır. Reenkarnasyon en öz benliğimizle ilgilendiği için, herkes ile son derece ilgili bir konudur.

"*Reenkarnasyon Bilimi*" reenkarnasyonun temelini kadim Vedik yazını *Bhagavad-gītā*'da sunulduğu şekliyle açıklamaktadır. Ölü Deniz Yazınları'ndan binlerce yıl daha eski olan *Gītā*, reenkarnasyona, bulabileceğiniz en eksiksiz açıklamayı verir. *Bhagavad-gītā*, binlerce yıldır dünyanın en büyük düşünürlerinin birçoğu tarafından incelenmiştir ve ruhsal bilgi ebedi bir gerçek olduğu için ve her yeni bilimsel kuramla değişmediği için, bugün hala geçerlidir.

Harvard biyofizikçilerinden D.P. Dupey şunları yazmıştır: "Doğa yasaları hakkında bildiklerimizle yaşamın tamamıyla açıklanabileceği varsayımına dogmatik bir şekilde tutunmak, bizi çıkmaz bir yola sokabilir. Hindistan'ın Vedik geleneğinde bulunan fikirlere açık kalarak, modern bilim adamları kendi disiplinlerini yeni bir bakış açısından görebilir ve tüm bilimsel çabaların hedefi olan gerçeğin araştırılması amacını derinleştirebilirler."

Bu küresel belirsizlikler çağında, bilinçli benliğimizin gerçek kaynağını, kendimizi nasıl farklı bedenlerde ve farklı yaşam koşullarında bulduğumuzu ve ölüm anında gideceğimiz yerin neresi olduğunu anlamamız şarttır. Bu önemli bilgi *"Reenkarnasyon Bilimi"* kitabında kapsamlı bir şekilde açıklanmaktadır.

Birinci Bölüm reenkarnasyonun, Sokrat'dan Salinger'e, dünyanın en büyük filozoflarını, şairlerini ve sanatçılarını, nasıl derinden etkilediğini gösterir. Daha sonra ruh göçü konusunda en eski ve en saygın kaynak kitap olan *Bhagavad-gītā*'da açıklandığı şekliyle reenkarnasyon süreci sunulmaktadır.

İkinci Bölümde, Śrī Śrīmad A.C.Bhaktivedanta Swami Prabhupāda ile tanınmış dindar psikolog Profesör Karlfried Graf von Dürckheim arasında geçen canlı diyalog, maddi beden ile anti madde zerre ruh-canının nasıl asla aynı şey olamayacağını açıkça gösterir. Üçüncü Bölümde, ünlü bir kalp cerrahı ruh üzerinde sistematik araştırma yapılmasını ısrarla tavsiye eder ve Śrila Prabhupāda, modern tıp biliminden binlerce yıl eski ve şaşırtıcı derecede çok daha fazla bilgi içeren Vedik tercümeden alıntılar yapar. Vedik yazın *Śrimad Bhāgavatam*'dan alınmış üç büyüleyici öykü dördüncü bölümü oluşturur. Bu anlatılar, doğa ve *karma*nın kesin yasalarının kontrolü altında, ruhun nasıl bedenden bedene göç ettiğini anlatan klasik örnekler oluşturur.

Beşinci Bölümde Śrila Prabhupāda'nın yazılarından alıntılar, reenkarnasyon ilkelerinin, günlük yaşamımızda düzenli olarak yer alan sıradan olaylar ve olağan gözlemler aracılığıyla kolayca anlaşılabileceğini göstermektedir. Bir sonraki bölüm reenkarnasyonun nasıl evrensel ve şaşmaz bir adalet sistemi içerdiğini anlatır. Bu sistemde ruh hiçbir zaman sonsuz lanetle sürgün edilmemekte; aksine sürekli doğum ve ölüm döngüsünden kurtulması için doğal hak olarak olanaklar sağlanmaktadır.

Reenkarnasyon konusunda sık rastlanılan yanlış kavramlar ve güncel fikirler Yedinci Bölümün konusunu oluşturmaktadır. *"Geri Gelmeyin"* adındaki son bölüm, ruhun reenkarnasyonu aşma ve maddi beden hapishanesinden nihayet azat olacağı diyarlara ulaşma sürecini sunmaktadır. Bir kez bu aşamaya ulaşan ruh bir daha doğum, hastalık yaşlılık ve ölümün değişken dünyasına hiç geri dönmez.

"Kendimi bu dünyada var olur bulduğumdan beri, şu veya bu şekilde daima var olacağıma inanıyorum." – Benjamin Franklin

Reenkarnasyon: Sokrat'tan Salinger'e

Ruh için hiçbir zaman ne doğum vardır ne de ölüm. O var edilmemiştir, var edilemez ve var edilmeyecektir. O doğmamıştır, ebedidir, hep var olandır ve kadimdir. Vücut öldüğü zaman ruh ölmez.

Bhagavad-gītā 2.20

Yaşam, doğumla başlayıp, ölümle mi sona erer? Daha önce yaşadık mı? Bu tür sorular genellikle doğu dinleriyle özdeşleştirilir. Doğuda insanın yaşamı sadece beşikten mezara değil, milyonlarca yıldan beri süregelir ve yeniden doğuş kavramının kabulü hemen hemen evrenseldir. 19. yüzyıl büyük Alman filozofu Arthur Schopenhauer'in bir zamanlar gözlemlediği gibi: "Bir Asyalı benden Avrupa'yı tanımlamamı istese, şöyle yanıtlamak zorunda kalırdım: Avrupa, dünyanın, insanın hiçlikten yaratıldığı ve şu anki doğumunun yaşama ilk girişi olduğu gibi inanılmaz yanılsamaların kol gezdiği bölgesidir."[1]

Gerçekten de Batı'nın egemen ideolojisi materyalist bilim, birkaç yüzyıldır bilincin şu anki bedenden önce var olduğu ve sonrasında da var olmaya devam edeceği konusunda ciddi ya da yaygın bir ilginin oluşmasını engellemiştir. Fakat Batı tarihi boyunca bilincin ölümsüzlüğü ve ruh göçünü anlayan ve onaylayan düşünürler her zaman olmuştur. Birçok filozof, yazar, sanatçı, bilim adamı ve politikacı konu üzerinde ciddiyetle durmuşlardır.

Eski Yunan

Reenkarnasyonu, öğretilerinin ayrılmaz bir parçası haline getiren eski Yunanlılar arasında Sokrat, Pisagor ve Eflatun sayılabilir. Yaşamının sonunda Sokrat şöyle demiştir: "Yeniden yaşamak diye bir şeyin gerçekten var olduğuna ve canlıların öluden çıktığına inanıyorum."[2] Pisagor geçmiş yaşamlarını anımsadığını ileri sürmüş ve Eflatun en önemli çalışmalarında reenkarnasyon konusunda ayrıntılı açıklamalar sunmuştur. Kısaca Eflatun, saf ruhun duyusal arzular nedeniyle mutlak hakikat boyutundan düştüğünü ve sonra fiziksel bir beden aldığını söylemiştir. Önce düşkün ruhlar insan suretlerinde dünyaya gelirler. Bu suretler arasından en yüksek olanı bilgi arayışı içinde olan filozoftur. Eğer bilgisi mükemmelliğe ulaşırsa, filozof ebedi var oluşa geri dönebilir. Fakat umutsuzca maddesel arzulara bağlanırsa, hayvan türlerinin düzeyine düşer. Eflatun, oburların ve ayyaşların gelecek yaşamlarında eşek olabileceklerine; şiddet düşkünü ve adaletsiz insanların kurt veya atmaca olarak doğabileceklerine ve sosyal kuralları körü körüne izleyenlerin ise arı veya karınca olabileceklerine inanırdı. Bir süre sonra ruh insan suretini ve özgürlüğe ulaşma fırsatını yeniden yakalar.[3] Bazı bilginler, Eflatun ve diğer antik Yunan filozoflarının reenkarnasyonla ilgili bilgilerini Orfizm gibi gizemli dinlerden ya da Hindistan'dan aldıklarına inanırlar.

Musevilik, Hıristiyanlık ve İslamiyet

Reenkarnasyonla ilişkili ipuçlarına Musevilik ve erken dönem Hıristiyanlıkta da yaygın olarak rastlanır. Pek çok İbrani âlime göre, kutsal kitapların arkasındaki gizli hikmeti temsil eden Kabala'nın pek çok yerinde geçmiş ve gelecek yaşamlarla ilgili bilgilere rastlanır. Ana Kabalist yazılardan biri olan Zohar'da şöyle denir: "Ruhlar içinden çıkmış oldukları mutlak öze yeniden dönmelidir; fakat bunu başarmak için, kendi içlerinde tohumu ekili bulunan tüm mükemmellikleri geliştirmek zorundadırlar; eğer bu şartı bir yaşam süresince yerine getiremezlerse, bir diğerine, üçüncüye ve bir sonrakine başlamalıdırlar; ta ki Tanrı'yla tekrar birleşmek için uygun şartı edinene kadar."[4] Evrensel Yahudi Ansiklopedisi'ne göre de bazı Hasidik Museviler benzer inançları paylaşırlar.[5]

M.S. 3.yüzyılda erken Hıristiyan Kilisesi pederlerinden ve en başarılı İncil düşünürlerinden biri olan din bilimci Origen şöyle yazmıştır: "Kötülüğe biraz eğilimli bazı ruhlar bedenlenirler. Önce insan bedeni alırlar; belirlenen yaşam süreleri sona erdiğinde, mantık dışı ihtiraslarla birleşmeleri nedeniyle hayvanlara dönüştürülürler; oradan da bitki seviyesine inerler. Bu durumdan yeniden aynı aşamalardan geçerek yükselir ve yeniden cennetsel yerlerine iade edilirler."[6]

İncil'de, Hz. İsa ve müritlerinin reenkarnasyon ilkesinin farkında olduklarına işaret eden pek çok bölüm vardır. Bir keresinde Hz. İsa'nın havarileri kendisine Tevrat'ta Hz. İlyas'ın yeniden dünyaya döneceğini bildiren kehanet hakkında sorular sormuşlardır. İncil'de St.Matthew bölümünde şunları okuyabiliriz: "Ve İsa onlara cevap verdi: İlyas gerçekten ilk kez gelecek ve her şeyi yoluna koyacak. Fakat ben sizlere söylüyorum ki, İlyas zaten gelmiştir ve onlar onu tanımadılar. O zaman Havariler İsa'nın Yahya peygamberden bahsettiğini anladılar."[7] Başka bir deyişle Hz. İsa, Herod tarafından başı kesilen Hz. Yahya'nın, Hz. İlyas'ın reenkarnasyonu olduğunu ilan ediyordu. Bir başka sefer, İsa ve Havarileri doğuştan kör olan biri ile karşılaştılar. Havariler İsa'ya sordular: "Bu adamın kör doğması için kim günah işledi: bu adam mı, ebeveynleri mi?"[8] "Kimin günah işlediğine bakmadan, Tanrı'nın gücünü gösterebilmek için bir fırsat bu," diye yanıtladı İsa. Sonra adamı iyileştirdi. Şimdi adam kendi günahından dolayı kör doğmuş ise, bu doğumundan önce yaptığı bir günah olmalıydı – yani önceki yaşamında. Ve bu İsa'nın karşı çıkmadığı bir fikirdi.

Kuran şunları söyler: "Ve sen ölmüştün ve O seni yeniden yaşama döndürdü. Ve O senin ölümüne sebep olacak ve seni yeniden yaşama döndürecek ve sonunda seni Kendinde toplayacak."[9] İslamiyet'i takip edenler arasında özellikle mutasavvıflar ölümün kayıp olmadığına, çünkü ölümsüz ruhun sürekli olarak bir bedenden ötekine geçtiğine inanırlar. Ünlü tasavvuf şairi Mevlana Celaleddin Rumi şöyle yazmıştır:

> Mineral olarak öldüm ve bitki oldum,
> Bitki olarak öldüm ve hayvanlığa yükseldim,
> Hayvan olarak öldüm ve insan oldum.
> Neden korkayım? Ölerek benden ne zaman bir şey eksildi?[10]

Hindistan'ın ebedi Vedik kutsal kitapları, ruhun maddi doğa ile özdeşleşmesine göre, 8.400.000 çeşit yaşam formundan birini aldığını ve bir kez belirli bir yaşam türünde bedenlendiğinde, aşağı bedenlerden yukarıya doğru otomatik olarak evrim geçirdiğini; sonunda insan bedenine ulaştığını doğrularlar.

Böylelikle dogmaların resmi muhafızları ister görmezden gelsinler, ister inkâr etsinler; bütün önemli Batı dinleri - Musevilik, Hıristiyanlık ve İslamiyet- öğretilerinin dokusunda reenkarnasyonun belirgin izlerini barındırırlar.

Orta Çağ ve Rönesans

Bizans İmparatoru Jüstinyen, İ.S. 553'de, bugüne dek gizemini koruyan şartlarda, ruhun bu yaşamdan önce var olduğu öğretisini Roma Katolik kilisesinde yasaklamıştır. O dönemde sayısız Kilise yazısı imha edilmiştir ve şimdi pek çok bilgin reenkarnasyonla ilgili bölümlerin kutsal kitaplardan tasfiye edildiğine inanmaktadır. Gnostik tarikatlar, kilise tarafından şiddetle baskı görmelerine rağmen, Batı'da reenkarnasyon öğretisini canlı tutmayı başarmışlardır. (Gnostik sözcüğü, Yunancada "bilgi" anlamına gelen gnosis sözcüğünden türemiştir.)

Rönesans döneminde, halkın reenkarnasyona ilgisi yeniden

canlandı. Bu canlanışa önemli etkisi olan kişilerden biri de, reenkarnasyonla ilgili öğretilerinden dolayı Engizisyon tarafından kazıkta yakılarak ölüme mahkûm edilen, İtalya'nın önde gelen filozof ve şairi Giordano Bruno'dur. Kendisine yöneltilen suçlamalara verdiği son yanıtlarında Bruno meydan okurcasına, ruhun "beden olmadığını" ve "herhangi bir bedende olabileceğini ve bir bedenden ötekine geçebileceğini" ilan etmiştir. [11]

Kilisenin böylesine baskısı altında reenkarnasyon öğretileri zamanla yer altının derinliklerine inmiş; Avrupa'daki Gül haçlar, Masonlar, Kabalistler ve benzeri gizli topluluklar arasında varlığını sürdürmüştür.

Aydınlanma Çağı

Aydınlanma çağında Avrupalı aydınlar, kendilerini Kilise sansürünün sınırlamalarından kurtarmaya başladılar. Büyük filozof Voltaire reenkarnasyon öğretisinin "ne saçma, ne de yararsız," olduğunu yazdı ve şöyle devam etti: "İki defa doğmak, bir defa doğmaktan daha şaşırtıcı değildir." [12]

Öte yandan şaşırtıcı bir noktaya değinirsek, reenkarnasyona duyulan ilgi Atlantik'i aşarak Amerika'ya ulaştığında, Amerika'nın kurucu babalarından birçoğu bu fikre hayran kaldılar ve sonunda kabul ettiler. Benjamin Franklin güçlü inancını ifade ederek şunları yazmıştır: "Bu dünyada var olduğumu görerek, şu ya da bu biçimde her zaman var olacağıma inanıyorum."[13]

1814'de Hindu dini üzerine kitaplar okumakta olan eski Amerika başkanlarından John Adams, diğer bir eski başkan olan "Monticello bilgesi" Thomas Jefferson'a reenkarnasyon öğretisi ile ilgili mektuplar yazmıştır. Adams'ın yazdıklarına göre: Yüce Varlığa başkaldırdıktan sonra, bazı ruhlar "tamamen karanlık bölgelere" fırlatılmışlardır. Devlet adamı sözlerine şöyle devam etmiştir: "Daha sonra hapsedildikleri yerden serbest bırakılarak, yeryüzüne çıkmalarına ve sınıf ve karakterlerine göre, cezalarını tamamlamak üzere her türlü hayvan, sürüngen, kuş, dört ayaklı hayvan ve insan, hatta bitki ve minerallerin içerisinde göç etmelerine izin verilmiştir. Eğer kınanmadan birkaç mezuniyetleri tamamlanırsa, inek ve insan olmalarına izin verilirdi. Eğer insan olarak iyi davranırlarsa orijinal sınıflarına ve Cennetteki mutluluğa yeniden getirilirlerdi." [14]

Avrupa'da Napolyon, generallerine geçmiş yaşamlarından birinde Şarlman olduğundan söz etmeyi severdi.[15] Büyük Alman şairlerinden Johann Wolfgang von Goethe de reenkarnasyona inanırdı; bu fikirle Hint felsefesi okurken karşılaşmış olabilir. Oyun yazarı ve bilim adamı olarak da ünlü olan Goethe, bir seferinde şöyle demiştir: "Şimdi burada olduğum gibi, daha önce de binlerce kez burada bulunduğumdan eminim ve bin kez daha geri dönmeyi umuyorum."[16]

Transandantalizm

Reenkarnasyon ve Hint felsefesine ilgi, Emerson, Whitman ve Thoreau'yu da içine alarak, Amerikan Transandantalistleri arasında da yaygınlaştı. Emerson şöyle yazmıştır: "Her şeyin varlığını sürdürmesi ve ölmemesi, sadece bir süre gözden kaybolup sonra tekrar ortaya çıkması dünyanın bir gizemidir. Hiçbir şey ölü değildir; insanlar ölü taklidi yaparlar; sahte cenaze törenlerine ve yaslı ölüm ilanlarına katlanırlar; orada sağlıklı ve iyi, yeni ve tuhaf bir kıyafetin içinde gizlenerek durur, pencereden dışarıyı seyrederler." [17] Emerson kütüphanesindeki Hint felsefesiyle ilgili pek çok kitaptan biri olan Katha Upanişad'dan şöyle bir alıntı yapmıştır: "Ruh doğmaz; ruh ölmez; ruh kimseden yaratılmamıştır. Beden öldürülse bile, doğmamış ve ebedi olan ruh öldürülemez." [18]

Walden Pond filozofu Thoreau şöyle yazmıştır: "Hatırlayabildiğim geçmişte, daha önceki bir var oluşla ilgili deneyimlere bilinç dışı atıflarda bulunup durmuşum."[19] Thoreau'nun reenkarnasyona olan derin ilgisinin bir başka işareti 1926'da keşfedilen "Yedi Brahman'ın Ruh Göçü" isimli bir belgedir. Bu kısa çalışma kadim Sanskrit tarihinden alınmış reenkarnasyonla ilgili bir öykünün İngilizce çevirisidir. Ruh göçü öyküsü avcı, prens ve hayvan olarak ilerleyerek, bedenden bedene geçen yedi bilgenin yaşamlarını takip eder.

Ve Walt Whitman, "Kendimin Şarkısı" adlı şiirinde şöyle yazar:

Biliyorum ki ölümsüzüm...
Bugüne kadar trilyonlarca yaz ve kış tükettik,
Önümüzde daha trilyonlarcası var ve
onların da önünde daha trilyonlarcası var.[20]

Fransa'da Ünlü yazar Honore de Balzac, tümüyle reenkarnasyonla ilgili bir roman yazmıştır, *Seraphita*. Balzac orada şunları ifade etmiştir: "Tüm insanların daha önce bir yaşamları olmuştur. Yıldızlı ovaları spirituel dünyanın girişi olan sessizliğin ve yalnızlığın değerini anlayıncaya kadar, cennetin varisleri kim bilir kaç kez bedensel suret edinmişlerdir?" [21]

David Copperfield adlı eserinde, Charles Dickens, geçmiş yaşamların hatırlanmasını deja-vuyu ima eden bir deneyimle araştırmıştır. "Hepimiz bazen bu duyguyu yaşarız; söylediğimiz ya da yaptığımız bir şeyi daha önceden, uzak geçmişte söylemiş veya yapmış olduğumuz duygusuna kapılırız; belirsiz çağlar öncesinde aynı yüzler, nesneler ve koşullarla çevrelendiğimizi hissederiz."[22]

Rusya'da ünlü Kont Leo Tolstoy şöyle yazmıştır: "Şimdiki yaşamımızda binlerce kez düş gördüğümüz gibi, bu yaşamımız da, öldükten sonra geri döndüğümüz diğer daha gerçek yaşamımızdan giriş yaptığımız binlerce hayattan biridir. Yaşamımız, o daha gerçek yaşamın sadece rüyalarından biridir ve dolayısıyla Tanrı'nın son derece gerçek yaşamına varana kadar, ta sonuncusuna kadar sonsuzdur."[23]

Modern Çağ

Yirminci yüzyıla girerken, reenkarnasyon fikrinin Batı'nın en etkin sanatçılarından biri olan Paul Gauguin'in aklını çeldiğini görürüz. Gauguin, Tahiti'deki son yıllarında fiziksel organizma parçalandığında, "ruhun yaşama devam ettiğini" yazmıştır. Ardından "kişi erdem seviyesine göre yükselerek ya da alçalarak" bir başka bedene geçer diyerek açıklamasını sürdürmüştür. Sanatçı sürekli yeniden doğum fikrinin Batı'da ilk kez Pisagor tarafından öğretildiğine; Pisagor'un ise bu bilgiyi kadim Hint bilgelerinden öğrenmiş olduğuna inanmaktaydı. [24]

Amerikalı araba dâhisi Henry Ford, bir zamanlar bir gazeteciye şöyle demiştir: "Reenkarnasyon kavramını 26 yaşındayken benimsedim. Deha deneyim demektir. Bazıları dehanın bir lütuf ya da yetenek olduğuna inanırlar, ama aslında birçok yaşamın getirdiği uzun deneyim birikiminin ürünüdür."[25] Benzer şekilde Amerikalı General George S. Patton askeri hünerlerini eski çağlarda savaş alanlarında edindiğine inanıyordu.

İrlandalı roman yazarı ve şair James Joyce'un *Ulysses* isimli eserinde reenkarnasyon tekrarlanan bir temadır. Bu eserin ünlü bir bölümünde, Joyce'un kahramanı Mr. Bloom karısına şöyle der, "Bazı insanlar öldükten sonra bir başka bedende yaşama devam edeceğimize ve önceden de yaşamış olduğumuza inanıyorlar. Buna reenkarnasyon diyorlar. Yeryüzünde ya da bir başka gezegende binlerce yıl önce yaşamışız. Bunları unutmuş olduğumuzu söylüyorlar. Bazıları ise geçmiş yaşamlarını anımsadıklarını söylüyorlar."[26]

Jack London, reenkarnasyonu *The Star Rover* adlı romanının ana teması yapmıştır. Roman kahramanı şöyle der: "Ne doğduğumda başladım, ne de ana rahmine düştüğümde. Hesaplanamayacak kadar çok bin yıllardır büyüyorum, gelişiyorum. İçimde tüm eski benliklerimin sesleri, akisleri ve anımsatmalarla dolu fısıltıları var... Oh, sayısız kez tekrar doğacağım; buna karşın çevremdeki aptal ahmaklar boynuma bir ilmik geçirerek varlığımı ortadan kaldırabileceklerine inanıyorlar." [27]

Nobel ödüllü Hermann Hesse, *Siddharta* isimli ruhsal gerçeği araştıran klasik romanında şöyle der, "O, tüm bu şekil ve yüzleri binlerce ilişkide gördü, yeniden doğdu. Her biri ölümlüydü; geçici olan her şeyin ihtiraslı, acı dolu bir örneğiydi. Buna karşın hiçbiri ölmedi, sadece değiştiler, hep yeniden doğdular, devamlı yeni yüzler aldılar: bir yüzle diğeri arasında sadece zaman vardı."[28]

Çok sayıda bilim adamı ve psikolog da reenkarnasyona inananlar arasındadır. Modern psikologların en büyüklerinden biri olan Carl Jung, benlik ve bilincin derin gizlerini anlama çabası içinde birçok kez yeniden doğan ebedi benlik kavramını kullanmıştır. Jung; "Geçmiş yüzyıllarda yaşamış ve o zamanlar henüz yanıtlayamadığım sorularla karşılaşmış olabileceğimi rahatlıkla hayal edebiliyorum; yeniden doğmak durumundaydım; çünkü bana verilen görevi henüz tamamlayamamıştım,"[29] demiştir.

İngiliz biyologu Thomas Huxley, "ruh göçü öğretisinin evrenin insandan akla yakın bir öç alma aracı olduğunu" belirtmiş ve şu uyarıda bulunmuştur: "yalnızca çok aceleci düşünürler bunu özde saçmalık olduğu gerekçesiyle reddedeceklerdir."[30]

Psikanaliz ve insan gelişimi alanlarında önde gelen isimlerden Amerikalı psikanalist Erik Erikson, reenkarnasyon fikrinin insanın inanç sisteminin özüne kadar indiğini yazmıştır. Sözlerine şöyle devam etmiştir: "Aklı başında hiç kimsenin, 'derinliklerinde' kendi varoluşunu daima yaşadığı ve daima yaşayacağı kavramı olmadan hayal edemeyeceği gerçeğiyle yüzleşelim."[31]

Modern çağın en büyük politik simalarından ve şiddetsizlik havarisi olan Mahatma Gandhi, bir keresinde dünya barışı hayali konusunda pratik reenkarnasyonun anlayışının kendisine nasıl umut aşıladığını açıklamıştır. Gandhi şöyle demiştir: "İnsanlar arasında kalıcı düşmanlık düşünemiyorum ve yeniden doğuş teorisine inandığımdan, bu yaşamımda olmasa bile, bir başka yaşamımda bütün insanlığı dostça kucaklayabileceğim umuduyla yaşıyorum."[32]

En ünlü kısa öykülerinden birinde J.D. Salinger, reenkarnasyon deneyimlerini hatırlayan ve bunlar hakkında açıkça konuşan büyümüş de küçülmüş Teddy'yi tanıtır. "O kadar aptalca ki! Öldüğünde tek yaptığın bedeninden defolup gitmek. Tanrım! Herkes bunu binlerce kez yapmış. Sadece hatırlamamaları yapmadıkları anlamına gelmez ki!"[33]

Jonathan Livingstone Seagull adlı kitabın, yazarı Richard Bach tarafından "hepimizin içinde yanan o parlak küçük ateş" olarak tanımlanan aynı adlı kahramanı, talihsiz enayileri aydınlatmak için dünyadan cennetsel dünyaya ve tekrar geriye dönerek bir dizi reenkarnasyondan geçer. Jonathan'ın akıl hocalarından biri şöyle der: "Bizlerin yaşamda yemek yemek, dövüşmek veya sürüde gücünü ispat etmekten daha önemli şeyler olduğunu ilk kez kavrayana kadar bile kaç yaşamdan geçmiş olmamız gerektiği konusunda hiçbir fikriniz var mı? Binlerce yaşam, Jon, on binlerce! Ve sonra mükemmellik diye bir şeyin olduğunu öğrenmeye başlamamız için bir yüz yaşam daha ve yaşam amacımızın bu mükemmelliği bulmak ve göstermek olduğu fikrini edinene kadar bir yüz yaşam daha."[34]

Nobel ödüllü Isaac Bashevis Singer, ustalıklı kısa öykülerinde sık sık geçmiş yaşamlar, yeniden doğuş ve ruhun ölümsüzlüğünden bahseder. "Ölüm yoktur. Her şey Tanrı'nın bir parçası olduğuna göre, nasıl ölüm olabilir ki? Ruh asla ölmez ve beden hiçbir zaman gerçekten canlı değildir."[35]

Ödüllü İngiliz şairi John Masefield, geçmiş ve gelecek yaşamlar hakkındaki meşhur şiirinde şöyle yazar:

İnanıyorum ki bir insan öldüğünde
Ruhu yeniden döner dünyaya;
Etten kemikten yeni bir kılıkta gizlenmiş,
Bir başka anne doğurur onu,
Daha güçlü kollarla ve daha parlak bir beyinle
Eski ruh yeniden yollara düşer.[36]

Müzisyen ve şarkı yazarı ünlü eski Beatle George Harrison'ın reenkarnasyonla ilgili ciddi düşünceleri, bireyler arası ilişkiler üstüne kişisel düşüncelerinde ortaya çıkar. "Arkadaşlar diğer yaşamlardan tanıdığımız ruhlardır. Birbirimize cezp oluruz. Ben arkadaşlar hakkında böyle hissediyorum. Onları sadece bir gün bile tanımış olsam fark etmez. Onları iki yıl tanıyıncaya kadar beklemeyeceğim, çünkü bilirsiniz nasıl olsa onlarla bir başka yerde karşılaşmışızdır."[37]

Batı'da reenkarnasyon bir kez daha entelektüellerin ve genel kamuoyunun ilgisini çekiyor. Filmler, romanlar, popüler şarkılar ve dergiler şimdi reenkarnasyonu giderek artan bir sıklıkla işliyor ve milyonlarca Batılı hızla, geleneksel olarak yaşamın ne doğumla başladığını, ne de ölümle bittiğini anlamış 1,5 milyardan fazla Hindu, Budist, Taoist ve diğer inançlardan insanlarla aynı saflara katılıyorlar. Ne var ki bu, insanın sefil doğum ölüm çarkından kendisini nasıl kurtaracağı bilgisini de içeren reenkarnasyon biliminin tümünü anlama yolundaki ilk adımdır.

Bhagavad-gītā: Reenkarnasyon üzerine Zamanı Aşan Kaynak Kitap

Reenkarnasyon hakkında daha derinlemesine bir anlayış kazanabilmek için, birçok Batılı geçmiş ve gelecek yaşamlarla ilgili özgün kaynaklara yöneliyorlar. Mevcut tüm literatüre içerisinde Hindistan'ın Sanskritçe Vedaları dünyadaki en eski kaynaklardır ve beş bin yıldan fazla süredir geçerlilik ve evrensel cazibesini koruyan bu öğretiler, reenkarnasyon bilimi konusunda en detaylı ve mantıklı açıklamaları sunarlar.

Reenkarnasyonla ilgili en temel bilgiler, *Upanişad*ların ve tüm Vedik bilginin özünü oluşturan *Bhagavad-gītā*'da ortaya çıkar. *Gītā*, beş bin yıl önce, Hindistan'ın kuzeyindeki bir savaş alanında, Tanrı'nın Yüce Şahsı Rab Kṛṣṇa ile Öğrencisi ve Dostu Arjuna arasında geçen konuşmalardan oluşur. Savaş alanı reenkarnasyon konusundaki bir tartışma için kusursuz bir

Rab Kṛṣṇa, Kurukṣetra savaş meydanında, arkadaşı ve adanmış kulu Arjuna'ya reenkarnasyon bilimini anlatırken.

yerdir; çünkü savaşta insanlar yaşam, ölüm ve öbür dünya gibi hayatın can alıcı sorunlarıyla doğrudan yüzleşirler.

Ruhun ölümsüzlüğü hakkında konuşmaya başlarken, Kṛṣṇa, Arjuna'ya şöyle der: "Ne Benim ne senin ne de tüm bu kralların var olmadığı bir zaman asla olmadı, gelecekte de olmayacak." *Gītā* şöyle öğretmeye devam eder: "Tüm bedene yayılanı tahrip edilemez bil. Bu ebedi ruhu hiç kimse yok edemez." Ruh, burada öylesine ustalıklı bir şeyden söz ediyoruz ki, kısıtlı insan aklı ve duyularıyla anında teyit edilemez. Dolayısıyla herkes ruhun varlığını kabul edemeyecektir. Kṛṣṇa, Arjuna'ya şöyle bilgi verir: "Bazıları ruha hayretler içinde bakar; bazıları onu hayret verici olarak betimler ve bazıları onun hayret verici olduğunu duyarlar; bazıları ise, onun hakkında bir şeyler duysalar bile, onu anlamazlar."

Bununla beraber, ruhun varlığını kabul etmek sadece bir inanç konusu değildir. *Bhagavad-gītā,* öğretilerini körü körüne dogma olarak değil de, mantığımızla tartarak kabul edebilelim diye duyularımızın ve mantığımızın tanıklığına hitap eder.

Gerçek benlik (ruh) ve beden arasındaki farkı bilmeden reenkarnasyonu anlamak mümkün değildir. *Gītā* şu örnekle ruhun doğasını görmemizi kolaylaştırır: "Güneşin tek başına tüm bu evreni aydınlatması gibi, bedenin içindeki canlı varlık da bilinç yoluyla tüm bedeni aydınlatır."

Bilinç bedende ruhun var olduğunun somut kanıtıdır. Bulutlu bir günde güneş gökyüzünde görünmeyebilir; fakat onun orada olduğunu güneş ışığını gördüğümüz için biliriz. Benzer şekilde ruhu doğrudan algılayamayabiliriz; ama bilincin varlığı sayesinde mevcut olduğu sonucuna varabiliriz. Bilincin yokluğunda, beden sadece ölü bir madde yığınıdır. Yalnızca bilincin varlığı bu ölü madde yığınının nefes almasını, konuşmasını, sevmesini ve korkmasını sağlar. Özde beden ruhun sayısız maddi arzularını gerçekleştirmesi için bir araçtır. *Gītā*'nın açıklamasına göre, bedendeki canlı varlık, "maddi enerjiden yapılmış bir makinede oturmaktadır." Ruh bedenle hata sonucu özdeşleşerek, havanın kokuları taşıdığı gibi, bedenin yaşam hakkındaki değişik düşüncelerini bir bedenden diğerine taşır. Bir otomobilin sürücüsüz işlev görememesi gibi, maddi beden de ruhun varlığı olmadan işlev göremez.

İnsan yaşlandıkça, bilinçli benlik ile fiziksel beden arasındaki bu fark daha da belirginleşir. Yaşam boyunca kişi bedeninin sürekli bir değişim içinde olduğunu gözlemleyebilir. Beden kalıcı değildir ve zaman çocukluğun çok kısa ömürlü olduğunu kanıtlar. Beden belli bir noktada varlık kazanır, büyür, olgunlaşır, yan ürünler (çocuklar) verir ve sonra giderek küçülür ve ölür. Dolayısıyla fiziksel beden gerçek değildir, çünkü zaman içerisinde kaybolur. *Gītā*'da açıklandığı gibi: "Var olmayan için dayanıklılık yoktur." Fakat maddi bedenin geçirdiği bütün değişimlere rağmen, ruhun bir belirtisi olan bilinç değişmeden kalır. ("Ebedi olan için değişiklik yoktur.") Bu nedenle mantıksal olarak bilincin, beden öldüğünde de varlığını sürdürmesini sağlayan, yaradılıştan kalıcılık özelliğine sahip olduğu sonucuna varabiliriz. Kṛṣṇa Arjuna'ya şöyle der: "Zaman içinde ruh için ne doğum, ne ölüm vardır... Beden öldürüldüğünde ruh öldürülmez."

Peki, eğer "beden öldürüldüğünde ruh öldürülmez" ise, o zaman ruha ne olur? *Bhagavad-gītā*'da verilen yanıt, ruhun bir başka bedene girdiği şeklindedir. Bu reenkarnasyondur. Bazıları bu kavramı kabul etmekte güçlük çekebilirler, ama bu doğal bir olgudur ve *Gītā* anlamamıza yardımcı olmak için mantıklı örnekler verir: "Bedenlenmiş ruh, bu beden içerisinde aralıksız olarak çocukluktan gençliğe, gençlikten yaşlılığa geçtiği gibi, benzer şekilde ruh ölüm anında bir başka bedene geçer. Aklı başında bir kişinin aklı bu tür bir değişiklikten dolayı karışmaz."

Başka bir deyişle insan bir ömür boyunca dahi reenkarne olmaktadır. Herhangi bir biyolog size beden hücrelerinin sürekli öldüğünü ve yenilerinin oluştuğunu anlatabilir. Yani her birimiz şimdiki yaşamlarımızda bile birkaç "değişik" bedene sahip oluruz. Yetişkin bir kişinin bedeni, aynı kişinin çocukluğunda sahip olduğu bedenden tamamıyla farklıdır. Bedensel değişimlere rağmen, içerideki kişi aynı kalır. Ölüm anında benzer bir durum ortaya çıkar. Benlik son bir beden değişiminden geçer. *Gītā* şöyle der: "İnsanın eski giysilerini bir kenara bırakarak yenilerini giymesi gibi, ruh da eski ve işe yaramaz bedenleri bırakıp, yeni maddi bedenler kabul eder." Böylece ruh sonsuz bir doğum ve ölüm döngüsü içinde tutsak kalır. Rab Arjuna'ya: "Doğan kişi mutlaka ölür ve ölümden sonra mutlaka yeniden doğar" der.

Vedalara göre mikroplardan başlayarak, balıklar, bitkiler, böcekler, sürüngenler, kuşlar ve hayvanlardan insanlara ve yarı tanrılara doğru yükselen 8.400.000 yaşam türü vardır. Arzularına göre canlı varlıklar sürekli olarak bu türler içerisinde doğarlar.

Ruhu, hep yeni bedenlere doğru sevk eden zihin, bu ruh göçünü yönlendiren mekanizmadır. *Gītā* şöyle açıklar: "İnsan bedeni terk ettiğinde ne tür bir varoluş durumunu hatırlarsa kaçınılmaz bir şekilde bir sonraki yaşamında o tür bir varoluş durumunu elde eder." Yaşamımız boyuca düşündüğümüz ve yaptığımız her şey zihnimizde iz bırakır ve bu izlerin tümünün toplamı ölüm anındaki son düşüncelerimizi etkiler. Bu düşüncelerin niteliklerine göre, maddi doğa bizi uygun bir bedenle ödüllendirir. Dolayısıyla şu anda sahip olduğumuz beden, son ölüm anımızdaki bilincimizin ifadesidir.

Gītā'da şöyle açıklanır: "Başka bir kaba beden alan canlı varlık belli tür kulak, göz, dil, burun ve dokunma duyusu edinir ve tüm bunlar zihinle gruplanır. Böylece belli bir grup duyu nesnesinin zevkine varır." Dahası reenkarnasyon yolu her zaman yokuş yukarı değildir; insana bir sonraki yaşamında yeniden insan olma garantisi verilmemektedir. Örneğin kişi, köpek zihniyeti ile ölürse, bir sonraki yaşamında köpek gözü, kulağı ve dili, vs… alır; böylece kendisine köpeksel zevkleri tatma şansı tanınmış olur. Rab Kṛṣṇa böylesine talihsiz bir ruhun kaderini şöyle teyit eder: "Kişi cehalet halinde öldüğü zaman hayvanlar âleminde doğar."

Bhagavad-gītā'ya göre, madde ötesi yüksek doğalarını araştırmayan insanlar, bazen insan, bazen hayvan, bazen de bitki veya böcek olarak dünyaya gelerek, *karma* yasaları tarafından doğum, ölüm ve yeniden doğum döngüsü içinde kalmaya zorlanırlar

Maddi dünyadaki varlığımız şimdiki ve daha önceki yaşamlarımızın çoklu karmik tepkileri yüzündendir ve insan bedeni maddi olarak koşullanmış ruh için kendini kurtarabileceği tek kaçış yolunu sağlar. İnsan bedenini doğru şekilde kullanarak, kişi yaşamın tüm problemlerini çözebilir (doğum, ölüm, hastalık ve yaşlılık) ve reenkarnasyonun sonsuz döngüsünü kırabilir. Bununla beraber eğer insan düzeyine yükselmiş bir ruh, yalnızca duyusal zevk faaliyetlerine dalarak yaşamını ziyan ederse, kendisini binlerce yıllık doğum ve ölüm döngüsüne sürükleyecek yeterli *karma*yı şimdiki yaşamında yaratabilir. Ve bu yaşamların hepsi insan bedeninde olmayabilir.

Rab Kṛṣṇa şöyle der: "Ahmaklar ne bir canlı varlığın bedenini nasıl terk ettiğini, ne de doğanın hallerinin etkisiyle ne tür bir bedenden zevk aldıklarını anlayabilirler. Fakat gözleri bilgi ile eğitilmiş kişi tüm bunları görebilir. Benlik bilincini kazanmış gayretli transandantalistler tüm bunları açıkça görebilirler. Akılları gelişmemiş ve benlik bilinci idrakinde olmayanlarsa, görmeye çalışsalar da, neler olduğunu anlayamazlar."

İnsan bedeni alacak kadar şanslı olan ruh, reenkarnasyonun prensiplerini anlamak ve doğum ve ölümden kurtulmak için, benlik bilincini kazanmayı ciddi olarak denemelidir. Bunu dememe lüksüne sahip değiliz.

Notlar

1. Parerga and Paralipomena, II, bölüm 16.
2. Phaedo, Benjamin Jowett'in çevirisi.

3. Phaedrus.
4. E.D. Walker'in Reincarnation: A Study of Forgotten Truth. Boston: Houghton Mifflin, 1888, s. 212.
5. "Souls, Transmigration of" makalesi.
6. De Principiis, Kitap III, Bölüm 5. Ante-Nicene Christian Library, editörler, Alexander Roberts ve James Donaldson. Edinburg: Clark, 1867.
7. Mathew, 17: 9-13.
8. John. 9:2.
9. Sura 2:28.
10. R.A. Nicholson, Rumi, Poet and Mystic. Londra: Allen&Unwin, 1950, s. 103.
11. William Boulting, Giardano Bruno, His Life, Thought, and Martyrdom. Londra: Kegan Paul, 1914, s. 163-164.
12. Emil Block'un Wiederholt Erdenleben'inde alıntı yapılmıştır. Stuttgart: 1952, s.31.
13. George Watley'e mektup, 23 Mayıs 1785. The Works of Benjamin Franklin, editör, Jared Sparks. Boston 1856, X, s. 174.
14. Thomas Jefferson'a mektup, Mart 1814, Correspondence of John Adams.
15. Emil Ludwig, Napoleon. New York: Boni & Liveright, 1926, s. 245.
16. Memoirs of Johannes Falk. Leipzig: 1832. Goethe-Bibliothek'te yeniden basılmıştır, Berlin: 1911.
17. The Selected Writings of Ralph Waldo Emerson, editör, Brooks Atkinson, New York: Modern Library, 1950, s. 445.
18. Emerson's Complete Works. Boston; Houghton Mifflin, 1886, IV, s. 35.
19. The Journal of Henry D. Thoreau. Boston; Houghton Mifflin, 1949, II, s. 306.
20. Walt Whitman's Leaves of Grass, 1. baskı; 1855, editör Malcolm Cowley. New York: Viking, 1959.
21. Balzac, La Comedie Humaine. Boston: Pratt, 1904. 39. cilt, s. 175-176.
22. Bölüm 39.
23. Moskova: The Voice of Universal Love dergisi, 1908, No. 40, s.634.
24. Modern Thought and Catholicism, çevirmen, Frank Lester

Pleadwell. Özel baskı, 1927. Orjinal nüshası halen St. Louis, Missouri'deki St. Louis Art Museum'da muhafaza edilmektedir.
25. San Francisco Examiner, 28 Ağustos 1928.
26. Birinci bölüm, "Calypso."
27. New York: Macmillan, 1919, s. 252-54.
28. New York: New Directions, 1951
29. Memories, Dreams, and Reflections. New York: Pantheon 1963, s. 323.
30. Evolution and Ethics and Other Essays. New York: Appleton, 1894, s. 60-61.
31. Gandhi's Truth. New York: Norton, 1969, s. 36
32. Young India, 2 Nisan 1931, s. 54
33. J. D. Sallinger, Nine Stories. New York: Signet Paperback, 1954.
34. New York: Macmillan, 1970, s. 53-54.
35. A Friend of Kafka and Other Stories. New York: Farrar, Straus & Giroux, 1962.
36. "A Creed," Derleme Şiirler.
37. I, Me, Mine. New York: Simon and Schuster, 1980.

*Maddi beden aslında akılsal bir yapıdır ve bir hayal gibidir,
fakat benlik bütün bu akılsal yapıdan farklıdır.
İşte, benlik idraki de budur.*

Beden Değiştirme

1974'de Batı Almanya'da, Frankfurt yakınlarında kırsal bölgedeki ISKCON merkezinde, Śrī Śrīmad A.C. Bhaktivedanta Swami Prabhupāda ile Profesör Karlfried Graf von Dürckheim arasında aşağıdaki diyalog geçmiştir. Tanınmış bir din psikologu ve Manevi Egzersiz Olarak Günlük Yaşam adlı kitabın yazarı olan Prof. Dürckheim, analitik psikoloji dalında doktora yapmıştır ve Bavyera'da bilinç psikolojisi üzerine Doğu ve Batı yaklaşımlarının sentezinin uygulandığı bir terapi okulunun kurucusu olarak ün yapmıştır. Bu görüşmede Śrila Prahupāda, reenkarnasyonun ilk ve en temel ilkesini -ruhsal canlı varlığın maddi bedenden farklı olduğunu- açıklar. Bilinçli benlik ve bedenin ayrı varlıklar olduğu esasını ortaya koyduktan sonra, Śrila Prabhupāda bilinçli benliğin veya ruhun nasıl sonsuza dek ölüm sırasında diğer bir bedene göçtüğünü açıklar.

Profesör Dürckheim: Çalışmalarımda doğal benliğin ölmeyi sevmediği sonucuna vardım. Fakat bir ölüme yakın deneyim yaşarsanız, ölüm eşiğini aşarak oldukça farklı bir gerçekliğe geçmiş olursunuz.

Śrila Prabhupāda: Evet, farklılık getirir. Bu deneyim hasta bir insanın yeniden sağlığına kavuşmasına benzer.

Prof. Dürckheim: Yani ölen kişi daha üst düzey bir gerçekliği mi deneyimler?

Śrila Prabhupāda: Ölen kişi değil bedendir. Vedik bilgiye göre beden daima ölüdür. Örneğin, mikrofon metalden yapılmıştır. Elektrik enerjisi mikrofondan geçtiğinde, mikrofon sesi elektrik akımına çevirerek tepki verir; bu da hoparlör üzerinden yükseltilir ve yayınlanır. Oysa sistemde elektrik akımı olmadığında hiçbir şey olmaz. Mikrofon çalışıyor olsa da olmasa da, metalden, plastikten, vs… yapılmış bir alet olmaktan öteye gidemez. Benzer bir şekilde insan bedeni de içindeki canlı güç sayesinde işlev görür. Bu canlı güç bedeni terk ettiğinde, bedenin öldüğü söylenir. Oysa aslında o hep ölüdür. Canlı güç önemli olan unsurdur; onun varlığı bedenin canlı görünmesini sağlar. Ama ister "canlı" ister "ölü" olsun, fiziksel beden ölü madde yığınından başka bir şey değildir.

Bhagavad-gītā'nın ilk öğretisi fiziksel bedenin durumunun nihai olarak çok da önemli olmadığını ortaya koyar.

aśocyān anvaśocas tvaṁ   prajñā-vādāṁś ca bhāṣase
gatāsūn agatāsūṁś ca   nānuśocanti paṇḍitāḥ

"Yüce Rab şöyle dedi: Bilgili sözlerle konuşurken kederlenmeye değmeyecek şeyler için hüzünleniyorsun. Bilge olanlar ne canlılar ne de ölüler için yakınırlar." [Bg. 2.11]

Ölü beden felsefi araştırmanın gerçek konusu değildir. Bizler daha ziyade aktif unsurla, ölü bedeni hareket ettiren unsur olan ruhla ilgilenmeliyiz.

Prof. Dürckheim: Öğrencilerinizi, maddeyi canlı gösteren ama madde olmayan bu gücün farkına varmaları konusunda nasıl eğitiyorsunuz? Entelektüel olarak, gerçeği barındıran bir felsefeyi konuştuğunuzu takdir edebiliyorum. Bundan bir şüphem yok. Fakat bunu bir bireye nasıl hissettiriyorsunuz?

Ruh Nasıl Algılanır

Śrila Prabhupāda: Bu çok basit bir mesele. Bedeni hareket ettiren aktif bir unsur vardır; o olmadığında beden artık hareket etmez. O halde gerçek soru şudur: "Bu aktif unsur nedir?" Bu sorgulama Vedanta felsefesinin kalbinde yatar. *Vedānta-sūtra, athāto brahma-jijñasa*, "Beden içindeki benliğin doğası nedir?" özdeyişi ile başlar. Dolayısıyla Vedik felsefe öğrencisine öncelikle canlı bedenle ölü beden arasındaki farkı ayırt etmeyi öğretilir. Eğer bu ilkeyi kavrayamıyorsa, o zaman sorunu mantık açısından ele almasını isteriz. Herkes bedenin aktif unsur, ruh sayesinde değiştiğini ve hareket ettiğini görebilir. Aktif unsurun yokluğunda, beden ne değişir ne de hareket eder. Dolayısıyla bedende onu hareket ettiren bir şey olmalıdır. Bu çok zor bir kavram değildir.

Beden her zaman ölüdür. Beden büyük bir makinedir. Bir teyp ölü maddeden yapılmıştır, ama siz, canlı kişi bir düğmeye bastığınızda anında çalışır. Benzer şekilde beden de ölü maddedir, fakat bedende yaşam gücü vardır. Bu aktif unsur beden içerisinde kaldığı sürece, beden karşılık verir ve canlı görünür. Örneğin, hepimizin konuşma gücü vardır. Öğrencilerimden birine buraya gelmesini söylersem gelir; ama aktif unsur bedenini terk ederse, binlerce yıl çağırsam da gelmez. Bunu anlamak çok basittir.

Fakat bu aktif unsur tam olarak nedir? Bu ayrı bir konudur ve bu sorunun yanıtı ruhsal bilginin gerçek başlangıcıdır.

Prof. Dürckheim: Ölü bedenle ilgili söylediklerinizi, yani içerisinde onu canlı yapan bir şeyin olması gerektiğini anlıyorum. Burada varılabilecek tek uygun sonuç iki şeyden bahsettiğimiz: beden ve aktif unsur. Ancak benim asıl sorum, içimizdeki aktif unsurun sadece basit bir entelektüel bir sonuç olarak değil de, deneyimsel olarak nasıl farkına varabileceğimiz. İçsel yolumuzda, bu derin gerçekliği gerçek anlamda deneyimlememiz önemli değil mi?

"Ben Brahman'ım, Ruhum"

Śrila Prabhupāda: Siz kendiniz o aktif unsursunuz. Canlı beden ve ölü beden birbirinden farklıdır. Aralarındaki tek fark aktif unsurun varlığıdır. O orada olmadığında bedene ölü denir. Dolayısıyla gerçek benlik aktif unsurla aynıdır. *Vedalar*da "Ben aktif unsurum" anlamına gelen *so'ham* tutum ilkesini buluruz. Bir de *aham brahmāsmi* ifadesi vardır: "Ben bu maddi beden değilim. Ben Brahman'ım, ruhum". Bu benlik bilinci idrakidir. Benlik bilincine ulaşmış kişi *Bhagavad-gītā*'da tanımlanır. *Brahma-bhūtah prasannātmā na śocati na kańkṣati*: kişi benlik bilincine ulaştığında ne özlem çeker ne de yas tutar. *Samaḥ sarveṣu bhūteṣu*: o herkese eşittir; insanlara, hayvanlara ve tüm canlı varlıklara.

Prof. Dürckheim: Şöyle düşünün: öğrencilerinizden biri "Ben ruhum" diyebilir, ama bunu deneyimleyemeyebilir.

Śrila Prabhupāda: Nasıl deneyimleyemez ki? Kendisinin aktif unsur olduğunu biliyor. Herkes önünde sonunda beden olmadığını bilir. Bir çocuk dahi bunu bilir. Bunu konuşma tarzımızı inceleyerek gözlemleyebiliriz. "Bu benim parmağım" deriz, hiç bir zaman "ben parmağım" demeyiz. Peki, bu "Ben" nedir? Benlik bilinci budur: "Ben bu beden değilim."

Bu farkındalık diğer canlı varlıklara da yayılabilir. İnsan neden hayvanları öldürür? Neden başkalarına dert verir? Benlik bilincine varmış kişi şöyle görür: "İşte bu da bir başka benlik. Sadece onun farklı bir bedeni var, ama benim bedenimde var olan aynı aktif unsur onun bedeninde de var." Benlik bilinci olan kişi aktif unsurun, benliğin sadece insanlarda değil, tüm hayvan, kuş, balık, böcek, ağaç ve bitkilerde de var olduğunu bilerek tüm canlı varlıkları eşit görür.

Bu Yaşamda Reenkarnasyon

Aktif unsur ruhtur ve ölüm sırasında ruh bir bedenden bir başkasına göç eder. Beden farklı olabilir, ama benlik aynı kalır. Bu beden değişimini kendi yaşamımızda bile gözlemleyebiliriz. Bebeklikten çocukluğa, çocukluktan gençliğe ve gençlikten erişkinliğe geçeriz. Bu esnada bilinçli benlik ya da ruh değişmeden kalır. Beden maddidir ve gerçek benlik ruhsaldır. Kişi bu anlayışa ulaşınca, benlik idrakine eriştiği kabul edilir.

Prof. Dürckheim: Sanırım şu anda Batı dünyasında oldukça önemli bir noktaya geliyoruz, çünkü tarihte ilk kez Avrupa ve Amerika'daki insanlar gerçeği ortaya çıkaran içsel deneyimleri ciddiye almaya başlıyorlar. Elbette Doğu'da ölümün dehşet verici karakterini silen ve ölümü daha bütün bir yaşama açılan bir eşik haline getiren deneyimleri bilen filozoflar hep var olmuştur.

İnsanların sıradan bedensel alışkanlıklarını yenme deneyimine ihtiyaçları var ve eğer bu bedensel deneyimin dışına çıkabilirlerse, birdenbire kendi içlerinde oldukça farklı bir unsurun devrede olduğunu fark ederler. Böylece "içsel yaşam"ı fark ederler.

Śrila Prabhupāda: Rab Kṛṣṇa'ya adanmış kişi bu farklı unsuru otomatik olarak kavrar, çünkü hiçbir zaman "Ben bu bedenim" diye düşünmez. O, *ahaṁ brahmāsmi*, "Ben bir ruhum" diye düşünür. *Bhagavad-gītā*'da Rab Kṛṣṇa'nın Arjuna'ya verdiği ilk talimat şudur: "Benim sevgili Arjuna'm, bedensel durumu ciddi anlamda dikkate alıyorsun, oysa bilge kişi canlı ya da ölü bu maddi bedeni pek ciddiye almaz." Ruhsal ilerleyiş yolundaki ilk farkındalık budur. Bu dünyadaki herkes bedenle çok ilgili ve canlı iken pek çok şekilde ona bakıyorlar. Ölünce heybetli heykellerini ve anıtlarını dikiyorlar. Bu beden bilincidir. Ne var ki kimse bedene yaşam ve güzellik veren aktif unsuru anlamıyor ve ölüm anında gerçek benliğin, aktif unsurun nereye gittiğini kimse bilmiyor. Bu cehalettir.

Prof. Dürckheim: Gençliğimde, Birinci Dünya Savaşında cephede dört yıl geçirdim. Alayımda yara almayan iki subaydan biriydim. Savaş alanında defalarca ölümü gördüm. Hemen yanımda duran insanların vurulduğunu gördüm ve aniden yaşam güçleri gitti. Geriye kalan tek şey, dediğiniz gibi ruhsuz bir bedendi. Fakat ölüm yakınken ve ölebileceğimi kabullendiğimde, içimde ölümle hiçbir ilişkisi olmayan bir şeyin var olduğunu fark ettim.

Śrila Prabhupāda: Evet, bu benlik bilinci idrakidir.
Prof. Dürckheim: Bu savaş deneyimi beni çok derinden etkiledi. Ruhsal yolculuğumun başlangıcı oldu.
Śrila Prabhupāda: Vedalarda şöyle denir: nārāyana-parāḥ sarve na kutaścana bibhyati. Eğer kişi Tanrı'yı idrak etmiş bir ruh ise, hiçbir şeyden korkmaz.
Prof. Dürckheim: Benlik idraki süreci bir dizi içsel deneyimdir, değil mi? Burada, Avrupa'da, insanlar bu tür deneyimler yaşadılar. Aslında inanıyorum ki Avrupa'nın gerçek hazinesi budur: savaş alanları, toplama kampları ve bombardıman saldırılarından geçmiş o kadar çok insan var ki... Ve hepsi, ölümün yakın olduğu, yaralandıkları, neredeyse paramparça oldukları ve ebedi doğalarını bir an olsun gördükleri o anların anılarını kalplerinde taşıyorlar. Ama şimdi insanlara, ilahi gerçeklik duygusuyla yüz yüze geldikleri ve bu bedensel varoluşun her şey olmadığını anladıkları o içsel deneyimleri ciddiye almak için, savaş alanlarına, toplama kamplarına ve bombardıman saldırılarına ihtiyaçları olmadığını göstermek lazım.

Beden Rüya Gibidir

Śrila Prabhupāda: Bunu her gece deneyimleyebiliriz. Düş gördüğümüzde, bedenimiz yatakta yatar, ama biz başka bir yere gideriz. Böylelikle hepimiz gerçek kimliğimizin bu bedenden ayrı olduğunu deneyimleriz. Düş gördüğümüzde yatakta yatan bedenimizi unuturuz. Değişik bedenlerde ve değişik yerlerde bulunuruz. Benzer şekilde gün içinde pek çok yeri gezdiğimiz o düş bedenlerimizi unuturuz. Belki düş bedenlerimizde gökyüzünde uçmuşuzdur. Gece uyanık bedenimizi, gündüz ise düş bedenimizi unuturuz. Fakat bilinçli benliğimiz, ruh hep vardır ve her iki beden içindeki varlığımızın farkındalığını sürdürürüz. Bu nedenle bu bedenlerden hiçbiri olmadığımız sonucuna varmalıyız. Bir süre belirli bir bedende varlığımızı sürdürürüz, sonra ölüm anında bunu unuturuz. Dolayısıyla beden gerçekte, bir düş misali, sadece zihinsel bir yapıdır, fakat benlik tüm bu

BEDEN DEĞİŞTİRME | 47

zihinsel yapılardan farklıdır. Bu benlik idrakidir. Rab Kṛṣṇa, *Bhagavad-gītā*'da şöyle der:

indriyāṇi parāṇy ahur   indriyebhyaḥ paraṁ manaḥ
manasas tu parā buddhir   yo buddheḥ paratas tu saḥ

"Faal duyular cansız maddeden üstündür; zihin duyulardan üstündür; zekâ ise zihinden de üstündür ve o (ruh) zekâdan dahi üstündür." [Bg. 3.42]

Prof. Dürckheim: Bugün daha önce sahte egodan söz etmiştiniz. Gerçek egonun ruh olduğunu mu kast etmiştiniz?

Śrila Prabhupāda: Evet, saf ego odur. Örneğin, şimdi ben bu yetmiş sekiz yaşındaki Hintli bedene sahibim ve "Ben Hintliyim", "Ben bu bedenim" diye düşünen bir sahte egom var. Bu bir yanlış anlamadır. Bir gün bu geçici beden yok olacak ve ben bir başka geçici beden alacağım. Bu yalnızca geçici bir yanılsamadır. Gerçek şudur ki ruh arzu ve aktivitelerine göre bir bedenden diğerine göç eder.

Prof. Dürckheim: Bilinç maddi bedenden ayrı var olabilir mi?

Śrila Prabhupāda: Evet. Saf bilinç, ruh maddi bedene ihtiyaç duymaz. Örneğin, rüya gördüğünüz zaman mevcut bedeninizi unutursunuz, ama yine de bilinçli kalırsınız. Ruh, bilinç su gibidir; su saftır, ama gökten yere düşüp, yere değdiğinde çamura dönüşür.

Prof. Dürckheim: Evet.

Śrila Prabhupāda: Benzer şekilde bizler ruh-canlarız, safız; ama ruhsal dünyayı terk edip, bu maddi bedenlerle temasa geçtiğimizde, bilincimiz örtülür. Bilinç saf kalır, ama şimdi çamurla (bu bedenle) örtülüdür. Ve bu yüzden insanlar birbirleriyle kavga ediyorlar. Hatalı olarak bedenleriyle özdeşleşiyorlar ve "Ben Almanım", "Ben İngilizim", "Ben siyahım", "Ben beyazım", "Ben buyum", "Ben şuyum" diye pek çok bedensel tanımla düşünüyorlar. Bu bedensel tanımlar saflığı bozuyor. Bu yüzden sanatçılar çıplak heykel ya da resimler yaparlar. Örneğin Fransa'da çıplaklığa "saf" sanat gözüyle bakılır. Benzer şekilde "çıplaklığı" ya da ruh-canın gerçek konumunu bu bedensel tanımlar olmadan anladığınızda, bu saflıktır.

Prof. Dürckheim: Kişinin bedenden farklı olduğunu anlaması neden bu kadar güç gözüküyor?

Herkes "Ben bu Beden Değilim" Kavramını Bilir

Śrila Prabhupāda: Güç değil. Bunu deneyimleyebilirsiniz. Sırf akılsızlıklarından insanlar farklı düşünüyorlar; ama aslında herkes "Ben bu beden değilim," kavramını bilir. Bunu deneyimlemek çok kolaydır. Ben varım. Bir bebeğin, bir çocuğun ve bir oğlanın bedeninde varlığımı sürdürdüğümü bilirim. Pek çok beden içinde yaşadım ve şimdi yaşlı bir adamın bedenindeyim. Ya da örneğin, şimdi siyah bir palto giymiş olabilirsiniz. Biraz sonra beyaz bir palto giyebilirsiniz. Fakat siz ne o siyah palto ne de beyaz paltosunuz; yalnızca palto değiştirdiniz. Eğer size "Bay Siyah Palto" diye hitap edersem, bu benim akılsızlığımdandır. Benzer şekilde yaşamım boyunca pek çok kez beden değiştirdim, ama ben bu bedenlerden hiçbirisi değilim. Bu gerçek bilgidir.

Prof. Dürckheim: Yine de bir güçlük yok mu? Örneğin, entelektüel olarak beden olmadığınızı çok iyi anlamış olabilirsiniz, ama yine de ölümden korkabilirsiniz. Bu sizin deneyimleyerek anlamadığınız anlamına gelmez mi? Deneyimleyerek anladığınızda, ölümden hiç korkmamanız gerekir; çünkü gerçekten ölmeyeceğinizi bilirsiniz.

Śrila Prabhupāda: Deneyim daha yüksek bir otoriteden, daha yüksek bilgiye sahip olan birisinden alınır. Yıllar boyu bu beden olmadığımı deneyimlemeye çabalamak yerine, bilgiyi en mükemmel kaynak olan Tanrı'dan veya Kṛṣṇa'dan alabilirim. O zaman ölümsüzlüğümü iyi niyetli bir otoriteden dinleyerek deneyimlemiş olurum. Bu mükemmeldir.

Prof. Dürckheim: Evet, anlıyorum.

Şimdi siyah bir palto giymiş olabilirsiniz. Biraz sonra beyaz bir palto giyebilirsiniz. Fakat siz ne o siyah palto ne de beyaz paltosunuz; yalnızca palto değiştirdiniz.

Śrila Prabhupāda: Dolayısıyla Vedik öğreti şudur: *tadvijñānārthaṁ sa gurum evābhigacchet*. "Yaşamın mükemmelliği konusunda birinci sınıf deneyim kazanmak için bir guruya yaklaşmalısınız." Peki, guru kimdir? Kime yaklaşmalıyım? Gurusundan mükemmel bir şekilde duymuş olan birine yaklaşmalıyım. Buna gurular zinciri adı verilir. Ben mükemmel bir kişiden duyarım ve bilgiyi aynı şekilde, hiçbir değişiklik yapmadan yayarım. Rab Kṛṣṇa *Bhagavad-gītā*'da bize bilgi verir ve bizler aynı bilgiyi değiştirmeden yayarız.

Prof. Dürckheim: Son yirmi otuz yıldır dünyanın Batısında ruhsal konulara karşı büyük bir ilgi uyanışı oldu. Fakat diğer yandan eğer bilim adamları insan benliğini ortadan kaldırmak istiyorlarsa, atom bombaları ve diğer teknolojik buluşlarla bunu becerme yolunda ilerliyorlar. Buna karşın eğer insanlığı daha yüksek bir amaca yönlendirmek istiyorlarsa, o zaman insana bilimsel gözlükleriyle maddi bakış açısıyla bakmaktan vazgeçmeliler. Bizlere olduğumuz gibi, bilinçli benlikler olarak bakmalılar.

İnsan Yaşamının Amacı

Śrila Prabhupāda: İnsan yaşamının amacı benlik idraki ya da Tanrı idrakidir; fakat bilim adamları bunu bilmiyorlar. Modern toplum günümüzde kör ve akılsız insanlar tarafından yönetilmekte. Sözde teknoloji uzmanları, bilim adamları ve filozoflar yaşamın gerçek hedefini bilmiyorlar ve insanların kendileri de körler; böylece körlerin körleri yönettiği bir durumla karşı karşıyayız. Bir kör diğer bir köre yol göstermeye kalkışırsa, ne tür sonuçlar bekleyebiliriz? Hayır, doğal süreç bu değildir. Kişi hakikati anlamak istiyorsa, benlik idrakine varmış birine yaklaşmalıdır.

[Odaya başka konuklar girer.]

Öğrenci: Śrila Prabhupāda, bu beyler ilahiyat ve felsefe profesörleri ve bu da Doktor Dara. O, burada Almanya'da, yoga çalışmaları ve entegral felsefe yapan bir derneğin başkanı.

BEDEN DEĞİŞTİRME | 51

[Śrila Prabhupāda onları selamlar ve sohbet kaldığı yerden devam eder.]

Prof. Dürckheim: Bir başka soru sorabilir miyim? Sıradan bir insana derin bilincin kapısını açan başka bir deneyim düzeyi yok mudur?

Śrila Prabhupāda: Evet. Bu deneyim *Bhagavad-gītā*'da [2. 13] Kṛṣṇa tarafından anlatılır:

dehino 'smin yathā dehe   kaumāraṁ yauvanaṁ jarā
tathā dehāntara prāptir   dhīras tatra na muhyati

"Bedenlenmiş ruhun, bu bedende aralıksız olarak çocukluktan gençliğe, gençlikten yaşlılığa geçmesi gibi, ruh ölüm sırasında bir başka bedene geçer. Benlik idraki olan ruh bu tür bir değişimden dolayı sersemlemez."

Ancak kişi öncelikle bilginin "temel ilkesini" anlamalıdır: "Ben bu beden değilim". Kişi, bu temel ilkeyi anlayınca, daha derin bilgiye ilerleyebilir.

Prof. Dürckheim: Bana öyle geliyor ki, Doğu ve Batı dünyasının beden ve ruh sorununa yaklaşımları arasında büyük farklar var. Doğu öğretilerinde bedenden kurtulmanız gerekir; buna karşın Batı dinlerinde kişi bedendeki ruhun farkına varmaya çalışır.

Śrila Prabhupāda: Bunu anlamak çok kolay. *Bhagavad-gītā*'dan ruh olduğumuzu ve beden içinde bulunduğumuzu duyduk. Istıraplarımız bedenle özdeşleştiğimiz için ortaya çıkıyor. Bu bedenin içinde girdiğim için acı çekiyorum. Dolayısıyla ister Doğulu ister Batılı olayım, benim gerçek çabam bu bedenden nasıl çıkacağım olmalıdır. Bu nokta açık mı?

Prof: Dürckheim: Evet.

Śrila Prabhupāda: Reenkarnasyon terimi benim bedene girmiş bir ruh-can olduğum anlamına gelir. Fakat gelecek yaşamımda, başka bedene girebilirim. Bu bir köpeğin, bir kedinin, ya da bir kralın bedeni olabilir. Ama ıstırap olacaktır;

Reenkarnasyon terimi benim bedene girmiş bir ruh-can olduğum anlamına gelir. Fakat gelecek yaşamımda, başka bedene girebilirim. Bu bir köpeğin, bir kedinin, ya da bir kralın bedeni olabilir.

BEDEN DEĞİŞTİRME | 53

ister kralın bedeninde, ister köpeğin bedeninde. Bu ıstıraplar doğum, ölüm, yaşlılık ve hastalığı içerir. Dolayısıyla bu dört çeşit ıstırabı yok etmek için, bedenin dışına çıkmamız gerekir. Bu insanın gerçek sorunudur; maddi bedenden nasıl dışarıya çıkabilirim.

Prof. Dürckheim: Bu, birçok yaşam alır mı?

Śrila Prabhupāda: Birçok yaşam alabilir veya bunu tek bir yaşamda gerçekleştirebilirsiniz. Eğer bu yaşamınızda ıstıraplarınızın bu bedenden kaynaklandığını anlıyorsanız, o zaman bu bedenden nasıl dışarı çıkabileceğinizi araştırmalısınız. Ve bu bilgiyi edindiğinizde, bunu nasıl yapacağınızı, bedenden derhal nasıl kurtulabileceğinizi bileceksiniz.

Prof. Dürckheim: Ama bu, bedeni öldürmem gerektiği anlamına gelmiyor, değil mi? Bu, ruhumun bedenimden bağımsız olduğunu kavramam anlamına gelmiyor mu?

Śrila Prabhupāda: Hayır, bedenin öldürülmesi gerekli değil. Ama bedeniniz öldürülsün ya da öldürülmesin, bir gün şimdiki bedeninizden ayrılmanız gerekecek ve bir başkasını kabul edeceksiniz. Bu doğanın yasasıdır ve bundan kaçamazsın.

Prof. Dürckheim: Bana öyle geliyor ki burada Hıristiyanlığa da uyan bazı noktalar var.

Śrila Prabhupāda: Hıristiyan, Müslüman ya da Hindu olmanız önemli değil. Bilgi bilgidir. Bilgi nerede varsa, oradan bilgi edinmelisiniz. Ve her canlı varlığın maddi bir beden içerisinde hapis olduğu bilgidir. Bu bilgi Hindular, Müslümanlar, Hıristiyanlar, herkes için eşit olarak geçerlidir. Ruh bedende hapsedilmiştir ve bu nedenle doğum, ölüm, yaşlılık ve hastalığa maruz kalacaktır. Ama hepimiz sonsuza dek yaşamak istiyoruz; tam bilgi istiyoruz; tam mutluluk istiyoruz. Bu amaca ulaşmak için bedenin dışına çıkmamız gerek. Doğal süreç budur.

Prof. Dara: Bedenin dışına çıkmamız gerektiğini vurguluyorsunuz. Ancak, insan olarak var oluşumuzu kabul etmemiz gerekmez mi?

Śrila Prabhupāda: İnsan olarak varlığımızı kabullenmemizi öneriyorsunuz. Bu insan bedeninde var oluşumuzun kusursuzluğuna inanıyor musunuz?

Prof. Dara: Hayır, kusursuz olduğunu söylemiyorum. Ancak, bunu kabul etmeli ve ideal bir durum yaratmaya çalışmamalıyız diyorum.

Nasıl Kusursuz Olunur

Śrila Prabhupāda: Durumunuzun kusursuz olmadığını itiraf ediyorsunuz. Dolayısıyla doğru anlayış, nasıl kusursuz olunacağını keşfetmek olmalı.

Prof. Dara: Ama neden ruh olarak kusursuz olmalıyız? Neden insan olarak kusursuz olamıyoruz?

Śrila Prabhupāda: Bu insan bedenindeki durumunuzun mükemmel olmadığını zaten itiraf ettiniz. O halde neden bu mükemmel olmayan duruma bu kadar bağımlısınız?

Prof. Dara: Bu beden diğer insanlarla iletişim kurabileceğim bir araç.

Śrila Prabhupāda: Bu kuşlar ve hayvanlar için de geçerli.

Prof. Dara: Ama kuşlar ve hayvanlar arasındaki konuşmayla bizim konuşmamız arasında büyük fark var.

Śrila Prabhupāda: Fark nedir? Onlar kendi topluluklarında konuşuyorlar ve siz de kendi toplumunuzda konuşuyorsunuz.

Prof. Dürckheim: Sanırım esas nokta, hayvanın benlik bilincinin olmaması. Gerçekte ne olduğunu anlamaması.

Hayvanları Aşmak

Śrila Prabhupāda: Evet, asıl nokta bu. Bir insan ne olduğunu anlayabilir. Kuşlar ve hayvanlar anlayamazlar. Öyleyse insan olarak, benlik idraki çabasında olmalıyız ve sadece kuş ve hayvanların düzeyinde hareket etmemeliyiz. Bu nedenle *Vedānta-sūtra* şu özdeyiş ile başlar: *athāto brahma jijñāsā*: insan yaşamının amacı Mutlak Gerçeği araştırmaktır. İnsan yaşamının amacı budur; hayvanlar gibi yemek ve uyumak

BEDEN DEĞİŞTİRME | 55

değildir. Mutlak Gerçeği anlayabileceğimiz ekstra zekâya sahibiz. *Śrīmad-Bhāgavatam*'da [1.2.10] şöyle söylenir:

kāmasya nendriya-prītir   labho jīveta yāvatā
jīvasya tattva-jijñāsā   nārtho yaś ceha karmabbiḥ

"Yaşamda arzular hiçbir zaman duyuları tatmin etmeye hedeflenmemelidir. İnsan sadece, insan yaşamı kişiye Mutlak Gerçeği araştırma yeteneği verdiği için yaşamayı arzulamalıdır. Tüm çalışmaların amacı bu olmalıdır."

Prof. Dara: Ama bedenlerimizi başkalarına iyilik etmek için kullanmak, yalnızca bir zaman kaybı mıdır?

Śrīla Prabhupāda: Başkalarına iyilik yapamazsınız, çünkü iyiliğin ne olduğunu bilmiyorsunuz. İyiliği bedensel kavramlar içinde düşünüyorsunuz; ama siz beden olmadığınız için bir anlamda beden sahtedir. Örneğin, bir apartman dairesinde ikamet edebilirsiniz, ama siz, o apartman dairesi değilsiniz. Eğer sadece dairenizi donatır ve yemek yemeyi ihmal ederseniz, bu iyi olabilir mi?

Prof. Dara: Bence bedeni oda ile karşılaştırmak pek uygun değil...

Śrīla Prabhupāda: Böyle düşünüyorsunuz, çünkü beden olmadığınızı bilmiyorsunuz.

Prof. Dara: Ama eğer bir odadan çıkarsak, oda yerinde kalır. Biz bedenden ayrılınca, beden kalmaz.

Śrīla Prabhupāda: Sonuçta oda da yok olacaktır.

Prof. Dara: Demek istediğim şu ki, beden ile ruh arasında çok yakın bir bağ olmalı, bir nevi birlik, en azından yaşadığımız sürece.

Śrīla Prabhupāda: Hayır, gerçek birlik o değildir. Arada fark var. Örneğin, şimdi içinde bulunduğumuz oda benim için yalnızca yaşadığım sürece önemli. Aksi halde hiç önemi yok. Beden bir zamanlar sahibi için çok değerli olmuş olsa dahi, ruh bedeni terk ettiğinde atılır.

Prof. Dara: Ama ya bedeninizden ayrılmak istemezseniz?
Śrila Prabhupāda: Ne istediğinizin konu ile ilgisi yok. Ayrılmak zorundasınız. Ölüm gelir gelmez, yakınlarınız bedeninizi atacaktır.
Prof. Dürckheim: Belki insanın "Ben bir bedenim ve benim bir ruhum var" diye düşünmesi yerine, "Ben bir ruhum ve benim bir bedenim var" diye düşünmesi bir fark yaratabilir.

Ölümsüzlüğün Sırrı

Śrila Prabhupāda: Evet, beden olduğunuzu ve bir ruha sahip olduğunuzu düşünmek hatadır. Bu doğru değildir. Siz bir ruhsunuz ve geçici bir bedenle örtülüsünüz. Önemli olan ruhtur, beden değil. Örneğin bir palto giydiğiniz sürece sizin için önemlidir, ama eğer yırtılırsa, onu atar ve bir başkasını satın alırsınız. Canlı varlık sürekli aynı şeyi deneyimler. Şimdiki bedenden ayrılır ve bir başkasını kabul edersiniz. Buna ölüm denir. Daha önce içinde bulunduğunuz beden önemsizleşir; şimdi içinde bulunduğunuz beden önem kazanır. Asıl sorun şudur: insanlar birkaç yıl içerisinde bir diğeri ile değiştirecekleri bir bedene çok fazla önem veriyorlar.

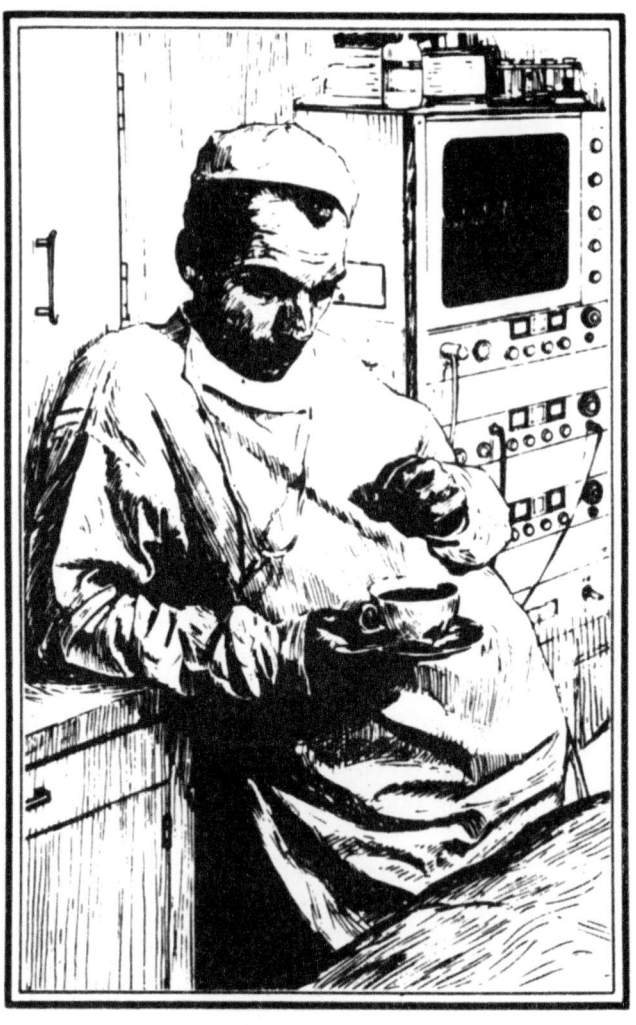

İnsanlar yaşamdan ölüme geçtikleri andaki ortamda bulunduğunuz zaman bazı esrarengiz değişimlerin varlığını gözlemleyebilirsiniz.

3

Ruh Araştırması

Modern bilim, fiziki bedenin mekanik işleyişini anlama konusunda ilerleme göstermiş olmakla beraber, bedeni canlandıran ruhsal kıvılcımı araştırma konusuna pek ilgi göstermemiştir. Aşağıda verilen Montreal Gazette makalesinde, dünyaca ünlü kardiyolog Wilfred G. Bigelow'un, ruhun ne olduğunun ve nereden geldiğinin belirlenmesi için sistematik araştırma yapılmasını ısrarla belirttiğini görürüz. Daha sonra Śrila Prabhupāda'nın Dr. Bigelow'un ricasına yanıt olarak yazdığı mektup gelmektedir. Śrila Prabhupāda, ruh bilimi hakkında esaslı Vedik kanıtlar sunar ve bedene yaşam veren ve reenkarnasyonu gerçek kılan, bu ruhsal kıvılcımın bilimsel olarak anlaşılabilmesi için pratik bir yöntem tavsiye eder.

Montreal Gazette Haber Başlığı

Kalp Cerrahı Ruhun Ne Olduğunu Bilmek İstiyor

WINDSOR– Dünyaca ünlü Kanadalı bir kalp cerrahı, bedenin ölüm anında kendisini terk eden bir ruha sahip olduğuna inandığını ve ilahiyatçıların bu konuda daha fazlasını bulmak için çalışmaları gerektiğini söylemektedir.

Toronto General Hastanesi'nde, kardiyovasküler cerrahi bölümü başkanı olan Dr. Wilfred G. Bigelow şöyle demektedir:

"Ruhun varlığına inanan bir insan olarak, bu konunun üzerindeki gizemi kaldırmanın ve ne olduğunu bulmanın zamanı geldi diye düşünüyorum."

Bigelow, kesin ölüm anının saptanması çabaları ile ilgili sorunların tartışıldığı, Essex County Medical-Legal Society'nin önünde yapılan panele katılan üyelerden biriydi.

Soru, kalp ve diğer organ nakillerinin yaygınlaştığı çağımızda, özellikle organ bağışlayanların kaçınılmaz olarak ölüyor oldukları durumlarda, hayati bir hale gelmektedir.

Kanada Tıp Birliği, ölüm için, geniş çapta kabul edilen, hastanın komada olup, hiçbir uyarıya cevap vermediği ve beyin dalgalarının ekranda düz bir çizgi halinde göründüğü andır tanımını getirmiştir.

Panelin diğer üyeleri Ontario Yüce Mahkemesi'nden Yargıç Edson L. Haines ve Windsor Üniversitesi rektörü J. Francis Leddy idi.

Bigelow, panel sonrası yapılan bir söyleşide, tartışma sırasında ortaya attığı konuların ayrıntılarına girerek, cerrah olarak geçirdiği otuz iki yıllık yaşamının kendisinde ruhun varlığı konusunda hiçbir şüphe bırakmadığını söylemiştir.

"İnsanların canlı durumdan ölüme geçtikleri anlarda yanlarından bulunduğunuz bazı vakalar vardır ve o anlarda bazı gizemli değişiklikler olur."

"En belirgin olanlardan biri gözlerde aniden can ya da parıltının yok olmasıdır. Donuklaşır ve tamamen cansızlaşırlar."

"Gözlemlediklerinizi belgelemek zordur. Aslında ben bunların pekiyi belgelenebileceğine inanmıyorum."

Hipodermi olarak bilinen 'derin dondurma' yöntemiyle cerrahi teknikte öncülüğüyle ve kalp kapakçığı ameliyatlarıyla dünyaca tanınan Bigelow, "ruh araştırma"sının üniversitelerde ilahiyat ve diğer ilgili disiplinler tarafından ele alınması gerektiğini belirtti.

Bu görüşme esnasında Leddy, "eğer ruh varsa, onu göremeyeceksiniz. Onu bulamayacaksınız," dedi.

"Canlılığın veya yaşamın bir prensibi varsa, bu nedir?" Sorun şu ki: "ruh coğrafi olarak hiçbir belirli yerde bulunmamaktadır. O bedende her yerdedir ama hiçbir yerde değildir."

Leddy, "Deneylere başlamak iyi olur, ama tüm bunlar üzerine somut verilerini nasıl elde edeceğinizi bilemiyorum," dedi.

Bu görüşmenin kendisine, uzaydan dönen Sovyet kozmonotun, yukarıda Tanrı'yı göremediği için, O'nun olmadığını rapor etmesini hatırlattığını söyledi.

Belki öyledir, dedi Bigelow, ama modern tıpta açıklanamayan bir şeyle karşılaşırsanız, "parola, yanıtı keşfet; onu laboratuara, gerçeği keşfedebileceğin bir yere götür" dür.

Asıl soru, dedi Bigelow, "ruh nerededir ve nereden gelir?"

Śrila Prabhupāda Vedik Kanıtları Sunuyor

Sevgili Dr. Bigelow,

Lütfen selamımı kabul edin. Geçenlerde Gazette'de, Rae Corelli tarafından kaleme alınmış, "Kalp Cerrahı Ruhun Ne olduğunu Bilmek İstiyor" başlıklı bir yazı okudum ve çok ilginç buldum. Fikirleriniz büyük içgörü yansıtıyor, dolayısıyla size bu konuda yazmayı düşündüm. Belki bilirsiniz, ben Uluslararası Kṛṣṇa Bilinci Topluluğunun kurucu-açaryasıyım. Montreal, Toronto, Vancouver ve Hamilton'da olmak üzere Kanada'da birçok tapınağımız var. Bu Kṛṣṇa Bilinci Hareketi, her ruha özellikle kendi orijinal, ruhsal konumunu öğretmek amacındadır.

Hiç kuşkusuz ruh canlı varlığın kalbindedir ve bedenin varlığını koruyan tüm enerjilerin kaynağıdır. Ruhun enerjisi bütün bedene yayılmıştır ve bu, bilinç olarak bilinir. Bu bilinç, ruhun enerjisini bütün bedene dağıttığı için, kişi bedenin her yerinde acı veya haz duyabilir. Ruh bireyseldir ve kişinin çocukluktan gençliğe ve sonra gençlikten yaşlılığa geçişi gibi, bir bedenden diğerine göç eder. Ölüm, biz yeni bir bedene geçtiğimizde gerçekleşir; tıpkı eski giysimizi çıkarıp yenisini giymemiz gibi. Buna ruh göçü denir.

Bir ruh, spirituel dünyadaki asıl evini unutup, bu maddi dünyadan zevk almak istediğinde, varoluş için zorlu bir mücadele gerektiren bu yaşama gelir. Tekrarlanan doğum, ölüm, hastalık ve yaşlılıktan oluşan bu gayrı doğal yaşam, insan bilinci Tanrı'nın yüce bilinciyle birleştirildiğinde bitirilebilir. Bu Kṛṣṇa bilinci hareketinin temel ilkesidir.

Kalp nakli ameliyatları söz konusu olduğunda, alıcının ruhu nakledilen kalbin içerisine girmediği sürece, başarı söz konusu olamaz. Böylece ruhun varlığı kabul edilmelidir. Cinsel ilişki sırasında, eğer ruh yoksa döllenme olmaz; gebelik gerçekleşmez. Doğum kontrolü rahmi bozar; dolayısıyla rahim ruha uygun bir ortam olmaktan çıkar. Bu, Tanrı'nın emrine karşıdır. Tanrı'nın emriyle, ruh belli bir rahme gönderilir; fakat doğum kontrolü yöntemleriyle, ruhun o rahme girmesi engellenir ve ruhun başka bir rahme yerleştirilmesi gerekir. Bu Yüce Varlığa itaatsizliktir. Örneğin, belirli bir dairede oturması gereken birini ele alın. Eğer dairede durum oraya giremeyeceği kadar rahatsızlık vericiyse, o kişi kendisini son derece zor bir durumda bulur. Bu, yasal olmayan bir müdahaledir ve kanun tarafından cezalandırılabilir.

"Ruh araştırması" girişimi kesinlikle bilimin ilerleyişini sağlayacaktır. Ama bilim ne kadar ilerlerse ilerlesin, ruhu asla bulamayacaktır. Ruhun varlığı yalnızca duruma bağlı bir anlayışla kabul edilebilir; çünkü Vedik yazılarda ruhun boyutunun, bir noktanın on binde biri büyüklüğünde olduğunu göreceksiniz. Bu nedenle maddi bilim adamlarının ruhu yakalamaları olanaksızdır. Ruhun varlığını ancak yüksek otoritelerden geleni alarak kabul edebilirsiniz. En büyük bilim adamlarının şu anda doğruluğunu buldukları şeyleri, biz çok öncelerde açıklamıştık.

Kişi ancak ruhun varlığını anladığı zaman Tanrı'nın varlığını anlayabilir. Tanrı ile ruh arasındaki fark Tanrı'nın çok büyük bir ruh olması ve canlı varlığın çok küçük bir ruh olmasıdır; ama nitelik olarak eşittirler. Tanrı her şeyin içine nüfuz edendir ve canlı varlık sınırlıdır. Ama doğa ve nitelikleri aynıdır.

Asıl soru "Ruh nerededir ve nereden gelir?" diyorsunuz. Bunu anlamak güç değildir. Ruhun nasıl canlı varlığın kalbinde yaşadığını ve ölümden sonra nasıl yeni bir bedene sığındığını zaten tartışmıştık. Ruh aslen Tanrı'dan gelir. Ateşten sıçrayan bir kıvılcımın, ateşten uzaklaştığında sönükleşmesi gibi, ruh kıvılcımı da aslen spiritüel dünyadan maddi dünyaya gelir. Maddi dünyada ruh doğanın halleri olarak tanımlanan üç ayrı koşula düşer: erdem, ihtiras ve cehalet. Ateşten sıçrayan bir kıvılcım; kuru otların üzerine düşünce, alevli niteliği devam eder; toprağa düşünce, toprakta yanıcı maddeler olmadığı sürece, ateşli halini gösteremez ve suya düşünce söner. Bu şekilde ruhun üç tür yaşam hali aldığını görürüz. Bir canlı varlık ruhsal doğasını tümüyle unutmuştur; diğeri neredeyse unutmuştur, ama hala ruhsal doğanın sezgisine sahiptir ve bir diğeri tamamen ruhsal kusursuzluğun arayışı içindedir. Ruh kıvılcımının ruhsal kusursuzluğa ulaşması için iyi bir yöntem vardır ve eğer ona doğru biçimde yol gösterilirse, ruh kolaylıkla evine, Tanrı'ya, geldiği yere geri dönebilir.

Vedik literatürdeki yetkili bilgiler modern bilimsel anlayış temelinde sunulursa, insanlığa çok büyük katkısı olacaktır. Gerçekler zaten ortadadır. Tek yapılması gereken modern anlayışa göre sunulmasıdır. Eğer dünyadaki doktor ve bilim adamları insanoğlunun ruh bilimini anlamasına yardımcı olurlarsa, bu çok büyük bir katkı olacaktır.

Saygılarımla,
A.C. Bhaktivedanta Swami

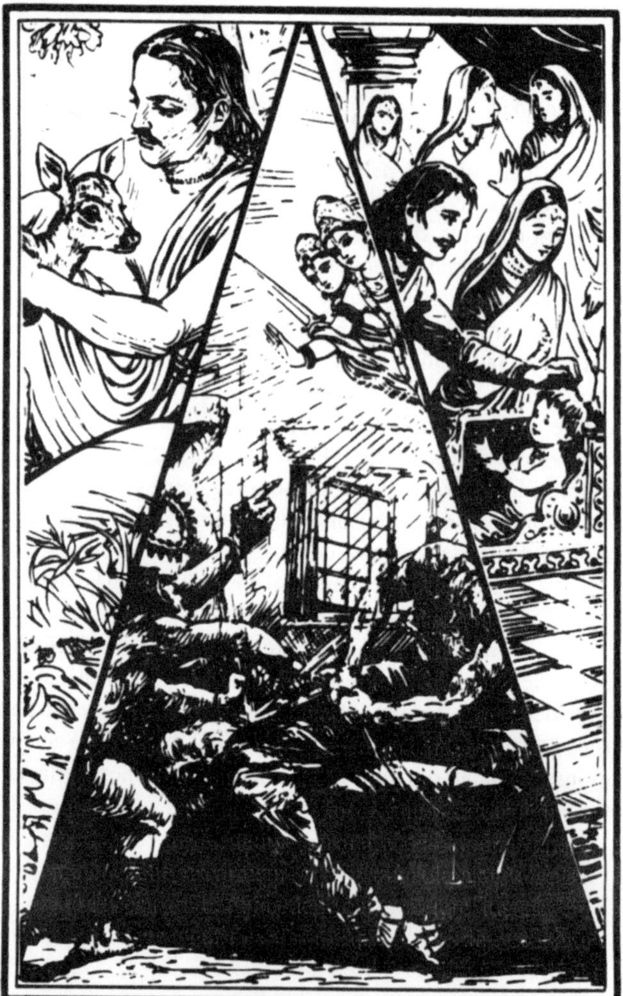

4
Üç Reenkarnasyonun Tarihçesi

Binlerce yıl boyunca Hindistan'ın en büyük manevî öğretmenleri, öğrencilerine reenkarnasyonun ilkelerini tasvir etmek için, burada dâhil edilen üç örnek gibi, Śrīmad-Bhāgavatam'da bulunan tarihi anlatıları kullanmışlardır.

Felsefi bir destan ve edebi klasik olan Śrīmad-Bhāgavatam'ın, Hindistan'ın ciltler dolusu yazılı bilgeliği içinde çok önemli bir yeri vardır. Hindistan'ın zamanı aşan bilgisi, insan anlayışının bütün alanlarına değinen kadim Sanskrit metinlerde, Vedalarda ifade edilmiştir. "Vedik yazın ağacının olgunlaşmış meyvesi" olarak bilinen Śrīmad-Bhāgavatam, Vedik bilginin en eksiksiz ve en yetkin açıklamasıdır.

Reenkarnasyonun bilimsel ilkeleri zamanla değişmez; kalıcıdırlar ve bu zamanı aşan öyküler, geçmiş çağlarda aydınlanma arayanlarla ne kadar ilgiliyseler, bugün arayış içinde olanlarla da o kadar ilgilidirler.

Bu maddi dünyada, bütün insanlar zaman içerisinde birbirleriyle dost, akraba ve düşman olurlar. Fakat bütün bu alış verişler esnasında hiç kimse birbiriyle daimi olarak akraba kalmaz.

I. Milyonlarca Annesi Olan Prens

"Bazıları ruhu hayretler içinde izlerler, bazıları ruhu hayret verici olarak tanımlarlar ve bazıları onu hayretler içinde dinlerler; bazıları ise, ruh hakkında dinledikten sonra bile, onu anlayamazlar."

Bhagavad-gītā 2.29

İngiliz şair William Wordsworth, "Intimations of Immortality" adlı ünlü eserinde şöyle yazar: "Doğumumuz uyku ve unutmaktan ibarettir". Bir başka şiirinde ise bir bebeğe şu mısralarla seslenir:

Ey değişken dünyaya yeni gelen sevimli varlık eğer karanlık kâhinlerin cüretle tahmin ettikleri gibi,
Senin bir varlığın olduysa ve bir insan olarak doğduysan
Ve sen bundan önce insan ebeveynlerin tarafından kutsandıysan,
Şimdiki annen sen, zavallı yabancıyı,
Besleyici göğsüne bastırmadan çok çok uzun zaman önce.

Śrīmad-Bhāgavatam'dan alınan aşağıdaki tarihi anlatıda, Kral Citraketu'nun oğlu önceki doğumlarını açıklar ve Kral ve Kraliçe'ye ruhun yok olmaz doğası ve reenkarnasyon bilimi hakkında bilgi verir.

Kral Citraketu'nun birçok eşi vardı ve çocuk yapma yetisine sahip olmasına rağmen, eşlerinden hiçbirinden çocuğu olmuyordu, çünkü güzel eşlerinin hepsi de kısırdı.

Bir gün mistik bilge Aṅgirā, Citraketu'nun sarayına geldi. Kral hemen tahtından kalktı ve Vedik geleneğe göre, bilgeye saygılarını sundu.

"Ey Kral Citraketu, aklının karışık olduğunu gözlemleyebiliyorum. Solgun yüzün derin bir endişenin izlerini yansıtıyor. Arzuladığın amaçlara ulaşamadın mı?" diye bilge Kral'ı sorguladı.

Aṅgirā, büyük bir mistik olduğu için, Kral'ın sıkıntısının sebebini biliyordu; ama kendine has nedenlerle, sanki bilgiye ihtiyacı varmış gibi Kral'ı sorguluyordu.

Kral Citraketu yanıtladı: "Ey Aṅgirā, uyguladığın büyük kefaret ve çileler sonucunda tam bilgiyi edindin. Benim gibi bedenlenmiş ruhlar hakkında, hem maddî hem manevî her şeyi anlayabiliyorsun. Ey büyük ruh, sen her şeyin farkındasın, ama yine de neden böyle endişeli olduğumu soruyorsun. Bu nedenle emrine uyarak, ıstırabımın sebebini sana açıklayayım. Açlıktan ölmekte olan bir adam bir çiçek kolyesi ile tatmin olamaz. Benzer şekilde uçsuz bucaksız imparatorluğumun ve sınırsız servetimin hiçbir anlamı yok; çünkü bir erkeğin gerçek zenginliğinden yoksunum. Bir oğlum yok. Benim gerçekten mutlu olmama yardım edip, bir oğul sahibi olmamı sağlayamaz mısın?"

Çok merhametli olan Aṅgirā, Kral'a yardım etmeyi kabul etti. Yarı tanrılara özel bir sunuda bulundu ve sonra yarı tanrılara sunulmuş yiyeceklerden kalanları Citraketu'nun kraliçelerinden en mükemmel olanına, Krtadyuti'ye verdi. Aṅgirā şöyle dedi: "Ey büyük Kral, şimdi sana hem büyük sevinç hem de keder getirecek bir oğlun olacak". Sonra bilge kralın yanıtını beklemeksizin ortadan kayboldu.

Citraketu sonunda bir oğlu olacağını öğrendiği için çok mutluydu, fakat bilgenin son sözlerini düşünmeden edemedi.

"Aṅgirā, oğlum doğduğunda çok sevineceğimi söylemek istemiş olmalı. Bu kesinlikle doğru, ama çocuğun keder getireceğini söylemekle, ne demek istedi? Tabi ki tek oğlum olarak, taht ve krallığımın otomatik olarak varisi olacak. Dolayısıyla mağrur ve asi olabilir. Bu keder sebebi olabilir. Fakat asi bir oğul hiç oğul olmamasından iyidir."

ÜÇ REENKARNASYONUN TARİHÇESİ | 69

Krtadyuti kısa sürede hamile kaldı ve bir oğul doğurdu. Haberi duyan krallığın tüm sakinleri çok mutlu oldular. Kral Citraketu'nun sevinçten içi içine sığmıyordu.

Kral itinayla küçük oğlunu yetiştirirken, Kraliçe Krtadyuti'ye olan sevgisi günden güne arttı ve yavaş yavaş kısır eşlerine olan sevgisini yitirdi. Diğer kraliçeler kısmetlerine sürekli yas tuttular; çünkü oğlu olmayan bir eş kocası tarafından evde ihmal edilir ve diğer eşler ona bir hizmetçi gibi davranır. Kısır kraliçeler öfke ve kıskançlıktan yanıp tutuştular. Kıskançlıkları arttıkça, zekâlarını yitirdiler ve kalpleri taşlaştı. Gizlice buluştular ve bu çıkmazın tek bir çözümü olduğuna kanaat getirdiler; kocalarının sevgisini yeniden kazanın tek yolu vardı: çocuğu zehirlemek.

Bir öğleden sonra Kraliçe Krtadyuti sarayın avlusunda yürürken, odasında huzur içinde uyuyan oğlunu düşündü. Çocuğunu çok sevdiği ve ondan bir an dahi ayrı kalmaya tahammül edemediği için, dadıya onu uykusundan uyandırması ve bahçeye getirmesi emrini verdi.

Ama hizmetkâr çocuğa yaklaştığında, gözlerinin yukarı dönmüş olduğunu gördü. Çocukta hiç bir yaşam belirtisi yoktu. Dehşet içinde çocuğun burun delikleri önüne bir pamuk parçası tuttu, ama pamuk kımıldamadı. Bunu görünce çığlık attı: "Eyvah, şimdi mahvoldum!" diyerek yere yığıldı. Büyük bir kaygıyla elleriyle göğsünü döverek, haykıra haykıra ağlamaya koyuldu.

Bir süre sonra kaygılı Kraliçe çocuğun yatak odasına doğru ilerledi. Dadının feryatlarını duyunca, odaya girdi ve oğlunun bu dünyadan göçüp gittiğini gördü. Büyük bir yas içinde, saçı ve elbisesi darmadağınık, Kraliçe kendinden geçerek yere düştü.

Kral oğlunun ani ölümünü duyduğunda, acıdan neredeyse kör oldu. Kederi alev alev yanan bir yangın gibi büyüdü ve ölü oğlunu görmek için koşarken defalarca tökezleyerek yere düştü. Bakanlar ve saray görevlileriyle çevrili Kral oğlunun odasına girdi ve saçı başı dağınık bir halde, çocuğun ayaklarının dibinde yere yığıldı. Kendisine geldiğinde, güçlükle nefes alıyordu; gözleri yaşlarla doluydu ve konuşamıyordu.

Kraliçe kocasının büyük yas içinde kendini kaybettiğini görüp, bir kez daha ölü çocuğuna bakınca, Yüce Rabbe lanetler yağdırmaya başladı. Bu durum saray sakinlerinin kalplerindeki acıyı arttırdı. Kraliçe'nin çiçekten kolyeleri bedeninden kaydı ve yumuşacık simsiyah saçları arapsaçına döndü. Gözlerinden akan yaşlarla sürmesi akmaya başladı.

"Ey İlâhî Takdir! Baba hayattayken, oğlunun ölümüne neden oldun. Sen kesinlikle canlı varlıkların düşmanısın ve hiç de merhametli değilsin." Kraliçe, sevgili çocuğuna dönerek şöyle dedi: "Benim sevgili oğlum, çaresiz ve mağdurum. Benimle beraberliğini bırakmamalısın. Beni nasıl bırakırsın? Yas tutan babana bir bak! Çok uzun süre uyudun. *Lütfen* şimdi kalk. Arkadaşların seni oyuna çağırıyorlar. Çok aç olmalısın, haydi, lütfen hemen kalk ve yemeğini ye. Benim sevgili oğlum, ben çok talihsizim, çünkü artık senin tatlı gülüşünü göremiyorum. Gözlerini ebediyen kapadın. Bu gezegenden alındın, geri dönmeyeceğin bir yere götürüldün. Benim sevgili oğlum, senin tatlı sesini duyamadığım için, hayatımı daha fazla sürdüremeyeceğim."

Kral ağzı açık yüksek sesle ağlamaya başladı. Anne ve baba yas tutarken, bütün takipçileri çocuğun zamansız ölümü için tutulan yasa katıldılar. Bu ani kaza yüzünden krallığın tüm vatandaşları acıdan neredeyse bilinçlerini kaybettiler.

Büyük bilge Aṅgirā, Kralın bir hüzün okyanusunda ölüme yakın olduğunu anlayınca, arkadaşı Bilge Nārada ile birlikte saraya gitti.

İki bilge, Kralı, üzüntüden mahvolmuş bir halde, cesedin yanında ölü gibi yatar buldular. Aṅgirā Krala sert bir sesle seslendi: "Cehaletin karanlığından uyan! Ey Kral, bu ölü bedenin seninle ne ilişkisi var ve senin onunla ne ilişkin var? Şu anda baba ve oğul olduğunuzu söyleyebilirsin, ama bu ilişkinin o doğmadan önce var olduğunu mu sanıyorsun? Şu anda gerçekten var mı? O öldüğüne göre devam edecek mi? Ey Kral, küçük kum zerrelerinin, okyanusun dalgalarının gücüyle, bazen bir araya gelmeleri ve bazen de ayrılmaları gibi, maddî bedenlere bürünmüş canlı varlıklar da zamanın gücü ile bazen bir araya gelirler ve bazen ayrılırlar." Aṅgirā, Kralın bütün bedensel ilişkilerin geçici olduğunu anlamasını istiyordu.

"Benim Sevgili Kralım" diye bilge devam etti: "sarayına ilk geldiğimde, sana en büyük hediyeyi, aşkın bilgiyi verebilirdim; ama aklının maddî şeylerle meşgul olduğunu görünce, sana sadece neşe ve keder getirecek bir oğul verdim. Şimdi sen oğulları ve kızları olan birinin bedbahtlığını deneyimliyorsun. Eş, çocuk ve mal gibi görülebilir nesnelerin rüyalardan hiçbir farkı yoktur. Bu durumda ey Kral Citraketu gerçekten kim olduğunu anlamaya çalış. Nereden geldiğini, bu bedeni terk ettikten sonra nereye gideceğini ve neden maddî kederin kontrolü altında olduğunu anlamaya çalış."

Sonra Nārada Muni çok harika bir şey yaptı. Mistik gücü sayesinde, Kralın ölü çocuğunun ruhunu herkesin gözü önünde geri getirdi. Oda bir anda göz kamaştırıcı bir ışıkla aydınlandı ve ölü çocuk kımıldamaya başladı. Nārada konuştu: "Ey canlı varlık, talihin açık olsun. Anne ve babanın haline bir bak. Ölümün yüzünden bütün arkadaş ve yakınların üzüntüden mahvoldular. Zamansız öldüğün için, hala yaşamından arta kalan bir süre var. Bu nedenle bedenine yeniden girebilir ve bu bedende sana ayrılan yıllardan geri kalanı arkadaş ve ailenle birlikte keyifle geçirebilirsin ve sonra krallık tahtını ve babanın tüm serveti kabul edebilirsin."

Nārada'nın mistik gücü sayesinde, canlı varlık ölü bedene yeniden girdi. Ölmüş olan çocuk oturdu ve küçük bir çocuğun zekâsıyla değil, özgürleşmiş bir ruhun tam bilgisiyle konuşmaya başladı: "Maddî faaliyetlerimin sonuçlarına göre, ben, canlı varlık, bazen yarı tanrıların türünde, bazen alt hayvan türlerinde, bazen bitkiler arasında bedenlenerek ve bazen de insan türlerinde belirerek, bir bedenden diğerine göç ederim. Hangi doğumumda bu iki kişi benim anne ve babamdılar? Aslında kimse benim anne ve babam değildir. Benim milyonlarca sözde annem ve babam olmuştur. Ben bu iki kişiyi nasıl anne ve babam olarak kabul edebilirim ki?"

Vedalar, ebedi canlı varlığın maddî elementlerden oluşan bir bedene girdiğini öğretir. Burada böyle bir canlı varlığın Kral Citraketu ve eşi tarafından üretilen bir bedene girdiğini görüyoruz. Bununla beraber aslında o, onların çocuğu değildir. Canlı varlık, Tanrı'nın Yüce Şahsının ebedi oğludur, ama bu maddî dünyadan zevk almak istediği için, Tanrı ona çeşitli bedenlere girme fırsatı verir. Buna karşın saf canlı varlığın anne ve babasından edindiği maddî bedenle gerçek bir ilişkisi yoktur. Dolayısıyla Citraketu'nun oğlunun bedenini almış olan ruh, Kral ve Kraliçe'nin kendi ebeveynleri olduğunu kesinlikle reddeder.

Ruh konuşmaya devam etti: "Hızla akan bir nehre benzeyen bu maddî dünyada, zaman içinde tüm insanlar arkadaş, akraba ve düşmanlar olurlar. Tarafsız da olurlar ve diğer pek çok ilişkiye girerler. Ancak bu çeşitli işlemlere karşın, kimsenin arasında kalıcı bağ yoktur."

Citraketu şimdi ölü olan oğlu için yas tutuyordu, fakat durumu daha farklı ele alabilirdi. "Bu canlı varlık geçen yaşamımda düşmanımdı ve şimdi oğlum olarak ortaya çıktı; yine bana acı ve ıstırap çektirmek için bedenini zamansız terk ediyor" diye düşünebilirdi. Kral, neden ölen oğlunu eski düşmanı olduğunu düşünmesin ve yas tutacağı yerde düşmanı öldüğü için sevinmesin?

Citraketu'nun çocuğunun bedenindeki canlı varlık şöyle dedi: "Alım satımla altın ve diğer değerli malların el değiştirmesi gibi; canlı varlık da *karma*sı nedeniyle, bir babanın ardından diğer bir babanın menisiyle çeşitli bedenlere enjekte edilerek, farklı yaşam türleri içinde evreni bir baştan diğer başa dolaşır."

Bhagavad-gītā'da açıklandığı gibi, canlı varlık hiçbir anne veya babadan doğmaz. Canlı varlığın gerçek kimliği sözde anne ve babadan tamamıyla ayrıdır. Doğa yasalarıyla ruh bir babanın menisine girmeye zorlanır ve bir annenin rahmine enjekte edilir. Ne tür bir babası olacağını doğrudan kontrol edemez; bu, geçmiş yaşamlarındaki faaliyetlerine göre otomatik olarak belirlenir. *Karma* yasaları onu değişik anne ve babalara gitmeye zorlar; aynen değerli bir malın alım satımı gibi.

Canlı varlık bazen bir hayvan anne babaya sığınır ve bazen de insan anne babaya. Onu bazen kuşlar arasından bir anne baba ve bazen de cennetsel gezegenlerde yarı tanrı anne baba kabul eder.

Ruh çeşitli bedenler arasında göç ederken, ister insan, hayvan, ağaç ya da bir yarı tanrı olsun, her yaşam biçiminde anne ve babası olur. Bu çok güç değildir. Asıl güçlük manevi bir baba, iyi bir manevî öğretmen edinmektedir. Bu nedenle insanın görevi böyle bir manevî öğretmeni arayıp bulmaktır; çünkü kişi onun direktifleri doğrultusunda hareket ederek reenkarnasyon döngüsünden kurtulup, spirituel âlemdeki asıl evine geri dönebilir.

Saf ruh sözlerine devam etti: "Canlı varlık ebedidir ve sözde anne ve babalarla hiçbir ilişkisi yoktur. Yanılgı içinde kendisini onların oğlu olarak kabul eder ve sevgiyle davranır. Buna karşın öldükten sonra ilişki biter. Bu koşullar altında, kişi yanılgıyla sevinç ya da yas tutma eğilimine kapılmamalıdır. Canlı varlık ebedidir ve yok edilemez; onun ne başlangıcı ne de sonu vardır; o ne doğar ne de ölür. Canlı varlık nitelik bakımından Yüce Rabbe eşittir. Her ikisi de manevî şahsiyetlerdir. Ama canlı varlık çok küçük olduğundan, maddî enerji tarafından yanıltılma eğilimindedir ve böylece çeşitli arzu ve faaliyetlerine göre kendisine bedenler yaratır."

Vedalar bizlere ruhun, tekrar tekrar bedenlenerek reenkarnasyon döngüsüne yakalandığı maddî dünyadaki yaşamlarından sorumlu olduğunu söyler. Eğer isterse, maddî varoluşun hapishanesinde acı çekmeye devam edebilir, ya da spirituel dünyadaki asıl evine geri dönebilir. Tanrı, maddî enerji aracılığı ile canlı varlıklara arzuladıkları bedenlerin verilmesini düzenlese de; Tanrı'nın gerçek arzusu, koşullanmış ruhların maddî yaşamın eziyetli atlıkarıncasından inip, evlerine, O'na geri dönmeleridir.

Saf ruh, çocuk bedenini terk ettiğinde ve bedeni cansız yere düştüğünde olduğu gibi, aniden sessizleşti. Citraketu ve diğer yakınlar büyük bir hayrete düştüler. Şefkatlerinin prangalarını kestiler ve yas tutmayı bıraktılar. Sonra bedeni yakarak cenaze törenini yaptılar. Çocuğu zehirleyen Kraliçe Krtadyuti'ye ortak eşler yaptıklarından çok utandılar. Yas tutarken Aṅgirā'nın öğrettiklerini hatırladılar ve çocuk sahibi olma heveslerinden vazgeçtiler. *Brāhmana* rahiplerin talimatlarına uyarak, her gün kutsal Yamuna nehrinin kıyısına gittiler ve orada, günahkâr hareketlerinin affolunması için, yıkandılar ve dua ettiler.

Kral Citraketu ve Kraliçesi, reenkarnasyon bilimi de dâhil olmak üzere manevî bilginin tam farkındalığına vardıkları için, kişiyi acı, korku, keder ve yanılsamaya yönelten şefkati kolayca bıraktılar. Maddî bedene olan bu bağımlılığı yenmek çok güç de olsa, onlar, bunu transandantal bilginin kılıcı ile kesip kopardıkları için, kolaylıkla bırakabildiler.

Bu geyik bana sığındı. Onu nasıl ihmal ederim? Spirituel yaşamımı aksattığı halde onu bir kenara bırakamam.

II. Şefkat Kurbanı

Bir kimsenin eski giysilerini bırakarak yenilerini giymesi gibi, ruh da benzer şekilde eski ve işe yaramaz bedenleri bırakarak yeni maddî bedenler kabul eder.
Bhagavad-gītā 2.22

M.Ö. birinci yüzyılda, Romalı şair Ovid, kendi eylem ve arzuları yüzünden, evrimsel sıralamada bir kaç basamak aşağı kayan talihsiz birinin kaderini şöyle anlatmıştır:
Sana anlatmaya utanıyorum, ama anlatacağım— Her yerimde tüyler bitiyordu. Konuşamıyordum, yalnızca hırıltılar çıkıyordu sözcükler yerine. Ağzımın sertleştiğini hissettim.Burnum bir hayvanınkine dönüştü,Yüzüm yere bakar şekilde eğildi.Boynum güçlü kaslarla şişti ve bardağı ağzıma götüren el toprakta pençe izleri bıraktı.

— *Metamorphoses*

Ovid'in döneminden yaklaşık üç bin yıl önce bestelenmiş olan Śrimad-Bhāgavatam, reenkarnasyon ilkelerini etkileyici bir şekilde gösteren aşağıdaki eşsiz öyküyü içermektedir. Hindistan'ın büyük ve dindar hükümdarı Kral Bharata, bir geyiğe duyduğu aşırı düşkünlükten dolayı, bir yaşamı geyik bedeninde geçirmek zorunda kalmış, ondan sonra insan suretine dönmüştür.

Kral Bharata, insanın krallığını yüzlerce yıl boyunca yöneteceğini düşünebileceği türden akıllı ve deneyimli bir *mahārāja* idi. Fakat yaşamının en verimli döneminde, her şeyden -kraliçesi, ailesi ve muazzam imparatorluğundan- feragat ederek, ormanda gitti. Böyle yaparak, kişinin kalan ömrünü benlik idrakine adamasını öğütleyen kadim Hindistan'ın yüce bilgelerinin tavsiyesini izliyordu.

Kral Bharata, büyük bir hükümdar olarak konumunun kalıcı olmadığını biliyordu; bu yüzden krallık tahtında ölene dek kalmaya çalışmadı. Ne de olsa bir kralın bedeni dahi sonunda toz, kül ya da diğer hayvan ve solucanlara yiyecek olur. Ama bedende gerçek benlik, yok edilemez ruh vardır. *Yoga* süreciyle, benlik kendi gerçek spirituel kimliğini idrak edebilir. Bu gerçekleştiği an, ruhun maddî bedende bir başka hapis dönemi geçirmesine gerek kalmaz.

Yaşamın gerçek amacının, insanın kendisini yeniden doğuş döngüsünden kurtarması olduğunu anlayan Kral Bharata, Himalayalar'ın eteklerinde kutsal bir hac yeri olan Pulahaāśramaya doğru yolculuğa çıktı. Eski Kral burada Gaṇḍaki ırmağının kıyısındaki ormanda tek başına yaşamaya başladı. Gösterişli Kral giysileri yerine, şimdi geyik postundan giysilere büründü. Saçı sakalı uzadı ve keçeleşti ve hep ıslak görünüyordu, çünkü günde üç kez ırmakta yıkanıyordu.

Bharata, her sabah *Ṛg Veda*'da yazılı ilahilerle Yüce Tanrı'ya ibadet ediyor ve güneş yükselirken şu mantrayı okuyordu: "Yüce Rab saf erdem içerisinde bulunur. Tüm evreni aydınlatır; farklı kudretlerinin erdemiyle, O, maddi keyif arzulayan canlı varlıkları korur ve adananlarına takdislerini bağışlar."

Günün ilerleyen saatlerinde çeşitli meyveler ve kökler topluyor ve Vedik yazılarda tavsiye edildiği gibi, bu sade yiyecekleri önce Tanrı'nın Yüce Şahsına, Rab Kṛṣṇa'ya sunuyor, sonra onları yiyordu. Dünyasal zenginliklerle çevrili Yüce bir Kral olmasına rağmen, şimdi bedensel zevklerden kendini arındırma kararlılığıyla, maddi zevk alma arzuları yok olmuştu. Böylece doğum ve ölüm döngüsüne kişiyi esir eden temel nedenden kurtulmuş oldu.

Tanrı'nın Yüce Şahsı üzerine daima meditasyon yapan Kral Bharata spirituel coşkunluk belirtileri deneyimlemeye başladı. Kalbi coşkun aşkın sularıyla dolu bir göl gibiydi ve zihni bu gölde yıkanınca, gözlerinden mutluluk gözyaşları boşalıyordu.

Bir gün Kral Bharata ırmak kıyısında meditasyon yaparken, dişi bir geyik ırmaktan su içmeye geldi. Geyik su içerken, yakındaki ormanda bir aslan yüksek sesle kükredi. Geyik gebeydi ve büyük bir korku içinde sıçrayıp, nehirden kaçarken, rahminden hızla akan suya bir bebek geyik düştü. Korkuyla titreyen ve düşükten dolayı zayıf düşen geyik bir mağaraya girdi ve kısa bir süre sonra öldü.

Bilge, yavru geyiğin sularla nehirde sürüklendiğini görünce, büyük bir şefkat hissetti. Bharata, yavruyu sudan çıkardı ve annesiz kaldığını bildiği yavruyu āśramına götürdü. Bilgili transandantal uygulamacılar açısından bedensel farklılıklar önemsizdir; Bharata benlik idrakinde olduğu ve herkesin bedeninde hem ruh hem de Süper Ruh (Yüce Rab) bulunduğunu bildiği için, tüm canlı varlıkları eşit olarak görüyordu. Her gün yavru geyiği taze yeşil otlarla besledi ve onu rahat ettirmeye çalıştı. Buna karşın kısa zamanda içinde geyiğe karşı derin bir bağlılık gelişti; onunla yatıyor, onunla yürüyor, onunla yıkanıyor ve onunla yemek yiyordu. Meyve, çiçek ve kök toplamak için ormana gitmek istediğinde, onu yalnız bıraksa, köpekler, çakallar ve kaplanlar tarafından öldürülür korkusuyla, geyiği de beraberinde götürüyordu. Bharata geyiğin ormanda bir çocuk gibi hoplayıp zıplamasından büyük bir keyif alıyordu. Bazen geyik yavrusunu omzunda taşıyordu. Kalbi geyiğin sevgisiyle öylesine dolup taşıyordu ki, gün boyunca onu kucağında tutuyordu ve o uyuduğunda, geyik de göğsünde yatıyordu. Geyiği sürekli okşuyor ve bazen de öpüyordu. Böylece yüreği sevgiyle geyiğe bağlandı.

Geyiği büyütmeye duyduğu bağlılık nedeniyle, Bharata Yüce Rab üzerine yaptığı meditasyonu aksatmaya başladı. Böylece insan yaşamının asıl hedefi olan benlik bilinci idraki yolundan uzaklaştı. *Vedalar* bize, ruhun insan sureti edinene kadar milyonlarca kez alt türlerde doğduğunu hatırlatırlar.

Bu maddi dünya bazen doğum ve ölüm okyanusuna, insan bedeni de bu okyanusu aşmak üzere tasarlanmış sağlam bir tekneye benzetilir. Vedik yazılar ve aziz üstatlar veya spirituel öğretmenler başarılı denizcilere, insan bedeninin sağladığı olanaklar ise tekneyi arzu edilen hedefe rahatça ulaştırmaya yardımcı olacak olumlu rüzgârlara benzetilir. Tüm bu olanaklara rağmen, bir insan yaşamını tümüyle benlik idrakine ulaşma çabasıyla geçirmezse, spirituel anlamda intiharı ediyor ve bir sonraki yaşamında bir hayvan olarak dünyaya gelme riskini alıyor demektir.

Kral Bharata, tüm bunlardan haberdar olmasına rağmen, kendi kendine şöyle düşünüyordu: "Bu geyik bana sığındı. Onu nasıl ihmal ederim? Spirituel yaşamımı aksattığı halde onu bir kenara bırakamam. Bana sığınmış muhtaç birini ihmal etmek büyük bir hata olur."

Bir gün Bharata ibadet ederken, her zamanki gibi Tanrı yerine geyiği düşünmeye başladı. Konsantrasyonu dağılarak, geyiğin nerede olduğunu anlamak için çevresine bakındı ve onu göremeyince, zihni, parasını kaybeden bir pinti misali sıkıntıyla bulanıverdi. Yerinden kalktı ve āśrama çevresinde geyiği aramaya koyuldu, ama geyik hiçbir yerde yoktu.

Bharata şöyle düşündü: *"Geyiğim ne zaman dönecek? Kaplanlar ve diğer vahşi hayvanlardan korunuyor mu? Onu tekrar bahçemde gezinirken, yumuşak yeşil otları yerken ne zaman göreceğim?"*

Günler geçip, geyik geri dönmeyince, Bharata kendini kedere kaptırdı. *"Yoksa bir kurt ya da köpek tarafından yendi mi? Yoksa bir yaban domuzu sürüsü veya yalnız gezen bir kaplan tarafından saldırıya mı uğradı? Güneş şimdi batıyor ve annesi öldüğünden beri bana güvenen zavallı hayvancık henüz dönmedi."*

Geyiğin yumuşak körpe boynuzlarının uçlarını dokundurarak kendisiyle nasıl oynadığını hatırlıyordu. Bazen ibadetini veya meditasyonunu böldüğü için geyiğe kızmış gibi yaparak onu nasıl ittiğini; onun korkup nasıl hemen biraz ötede hareketsiz oturduğunu hatırlıyordu.

"Geyiğim küçük bir prens gibi. Ah, ne zaman geri dönecek? Yaralı kalbimi ne zaman tedavi edecek?"

Bharata kendisini kontrol edemedi ve ay ışığında minik izleri takip ederek geyiği aramaya çıktı. Çılgın gibi kendi kendine konuşmaya başladı: "Bu varlık benim için o kadar özeldi ki oğlumu kaybetmişim gibi hissediyorum. Ayrılığın yakıcı ateşi nedeniyle kendimi azgın bir orman yangınının ortasındaymış gibi hissediyorum. Kalbim şimdi ıstırapla tutuşuyor."

Ormanın tehlikeli yollarında çılgınlar gibi kayıp geyiği ararken, Bharata aniden düştü ve ölümcül bir şekilde yaralandı. Ölümün kıyısında orada yatarken, geyiğin aniden ortaya çıktığını ve sevgi dolu bir oğul gibi gözlerini ona dikmiş, yanında oturduğunu gördü. Böylece ölüm anında, Kralın zihni tümüyle geyiğe odaklanmıştı. *Bhagavad-gītā*'da şunu öğreniriz: "Kişi bedenini terk ederken hangi varoluş halini hatırlarsa, kesinlikle o hali elde eder."

Kral Bharata Geyik Oluyor

Bir sonraki yaşamında Kral Bharata bir geyik vücudunda dünyaya geldi. Canlı varlıkların çoğu geçmiş yaşamlarını hatırlamazlar; ama Kral bir önceki yaşamında kaydettiği spirituel ilerlemeden dolayı, bir geyik vücudunda olmasına rağmen bu bedende doğmasının nedenini anlıyordu. Yas tutmaya başladı: "Ne kadar aptalmışım! Benlik idraki yolundan düştüm. Krallığımı ve ailemi bırakıp ormanda daima Evren'in Efendisi'ni düşünebileceğim ıssız kutsal bir yere meditasyon yapmaya gittim; ama aptallığım yüzünden, zihnimin onca şey içinde bir geyiğe bağlanmasına izin verdim. Ve şimdi tam buna uygun bir beden edindim. Benden başka kimsenin suçu yok."

Değerli bir ders almış olan Bharata, bir geyik bedeninde de olsa, benlik idraki yolundaki gelişimine devam edebildi. Tüm maddesel arzularla bağını kopardı. Artık ne lezzetli yeşil otları umursuyordu, ne de boynuzlarının ne kadar uzayacağını. Benzer şekilde ister erkek ister dişi tüm geyiklerle ilişkisini kesti; doğduğu ve annesinin bulunduğu Kālañjara dağlarını terk etti. Geçmiş yaşamında meditasyon yaptığı, Pulaha-āśramaya döndü. Ama bu sefer Tanrı'nın Yüce Şahsını unutmamaya kararlıydı. Büyük aziz ve bilgelerin inziva yerlerine yakın kalarak ve materyalistlerle her tür ilişkiden kaçınarak, sadece sert kuru yapraklar yiyerek, çok sade bir hayat yaşadı. Ölüm zamanı geldiğinde ve Bharata geyik bedenini terk ederken, yüksek sesle şu duayı okudu: "Tanrı'nın Yüce Şahsı tüm bilginin kaynağıdır, tüm yaradılışı kontrol edendir ve yaşayan tüm canlıların kalbindeki Süper Ruh'tur. O güzeldir ve çekicidir. Bu bedeni O'na hürmetlerimi sunarak ve sonsuza dek O'na transandantal sevgi hizmetinde bulunmayı umarak terk ediyorum."

Jaḍa Bharata'nın Yaşamı

Bir sonraki yaşamında Kral Bharata, saf aziz bir brahmana rahibin ailesinde dünyaya geldi ve Jaḍa Bharata olarak tanındı. Tanrı'nın ihsanıyla yine önceki yaşamlarını anımsıyordu. *Bhagavad-gītā*'da Rab Kṛṣṇa şöyle der: "Anımsama, bilgi ve unutkanlık hep Benden kaynaklanır." Büyüdükçe Jaḍa Bharata arkadaşları ve akrabalarından çok korkar oldu; çünkü onlar son derece materyalisttiler ve spiritüel ilerleme kaydetmekle hiç ilgilenmiyorlardı. Çocuk, onların etkisiyle yeniden hayvan yaşamına düşeceği korkusuyla, sürekli endişe içindeydi. Bu yüzden son derece zeki olmasına karşın, tam bir deli gibi davranıyordu. Dünyasal insanlar onunla konuşmasın diye, ahmak, kör ve sağırmış gibi davranıyordu. Ama kendi içinde daima Rabbi düşünüyor ve Onun yüceliklerini anlatıyordu ki, bu bile bir kişiyi tekrarlanan doğum ve ölümden kurtarabilir.

Jaḍa Bharata'nın babası oğluna karşı şefkat doluydu ve Jaḍa Bharata'nın bir gün bilge bir âlim olmasını istiyordu. Bu nedenle ona *Vedik* bilginin inceliklerini öğretmeye çalıştı; ama Jaḍa Bharata, babasının onu eğitme çabalarından vazgeçeceğini umarak, kasıtlı olarak bir geri zekâlı gibi davranıyordu. Babası ondan bir şey yapmasını istediğinde, istenilenin tam tersini yapıyordu. Buna karşın Jaḍa Bharata'nın babası, ölene kadar oğlunu eğitmeye çabaladı.

Jaḍa Bharata'nın dokuz üvey kardeşi onu aptal ve beyinsiz olarak görüyorlardı ve babaları öldüğünde, onu eğitme konusunda çabalamayı bıraktılar. Jaḍa Bharata'nın içsel spirituel ilerlemesini fark edemediler. Jaḍa Bharata onların yanlış davranışlarına karşı hiç itirazda bulunmadı, çünkü bedensel yaşam kavramından tümüyle arınmıştı. Önüne ne tür yiyecek konursa konsun, az çok, lezzetli lezzetsiz ayırımı yapmadan, kabul ediyor ve yiyordu. Tümüyle transandantal bilinç içinde olduğundan, sıcak ve soğuk gibi maddi ikilemlerden rahatsız olmuyordu. Gövdesi bir boğa kadar güçlüydü ve kolları ve bacakları adaleliydi. Kışın soğuğunu, yazın sıcağını, rüzgârı ve yağmuru umursamıyordu. Bedeni sürekli kirli olduğu için, spirituel bilgisi ve güçlü ışığı, tıpkı kir ve pasla kaplı bir mücevherde olduğu gibi görünmüyordu. Her gün onun işe yaramaz bir ahmak olduğunu düşünen, sıradan insanlar tarafından hakarete uğruyor ve önemsenmiyordu.

Jaḍa Bharata'nın aldığı tek ücret, kendisini tarlalarda bir esir gibi çalıştıran kardeşlerinin ona temin ettiği az miktardaki lezzetsiz yiyeceklerdi. Ama o basit görevleri bile başarıyla yapamıyordu, çünkü nereye kir yayacağını ve yeri nerede düzleştireceğini bilmiyordu. Yiyecek olarak kardeşleri ona kırık pirinç, pirinç küspesi, yağ kekleri, kurtçukların yediği tahıl ve tencerenin dibine yapışmış olan yanık tahılları veriyorlardı, ama Jaḍa Bharata bunları nektarmışçasına mutlulukla kabul ediyordu. Ve hiç kin tutmuyordu. Böylece tümüyle benlik idrakine ulaşmış birinin belirtilerini gösteriyordu.

Bir gün bir haydut ve katiller çetesinin reisi hayvana benzeyen ahmak ve zekâ özürlü bir insanı kurban olarak sunmak için tanrıça Bhadrakālī'nin tapınağına gitti. Bu tür kurbanların *Veda*ların hiçbir yerinde bahsi geçmez; soyguncular tarafından maddi zenginlik edinmek amacıyla uydurulmuştu. Bununla birlikte kurban edilmesi gereken adam kaçınca, planları engellenmiş, dolayısıyla soyguncuların başı adamlarını kaçağın peşinden yollamıştı. Gecenin karanlığında tarlaları ve ormanı ararken, soyguncular bir pirinç tarlasına geldiler ve tarlayı yabani domuzların saldırısından korumak için yüksek bir zeminde oturan Jaḍa Bharata'yı gördüler. Soyguncular Jaḍa Bharata'nın mükemmel bir kurban olacağını düşündüler. Yüzleri sevinçten parıldayarak, haydutlar onu kalın iplerle bağlayıp, tanrıça Kali'nin tapınağına götürdüler. Yüce Rabbin korumasına tam bir inancı olduğu için, Jaḍa Bharata itiraz etmedi. Meşhur bir spiritüel öğretmenin şöyle bir şarkısı vardır: "Rabbim, şimdi Sana teslim oluyorum. Senin ebedi hizmetkârınım ve eğer istersen beni öldürebilirsin istersen beni koruyabilirsin. Durum ne olursa olsun sana tümüyle Sana teslim oluyorum."

Haydutlar Jaḍa Bharata'yı yıkadılar, yeni ipek giysiler giydirdiler ve onu ziynet eşyaları ve çiçeklerle süslediler. Ona mükellef bir son yemek yedirdiler ve şarkılarla ve dualarla ibadet ettikleri tanrıçanın huzuruna getirdiler. Jaḍa Bharata'yı tanrıçanın önünde oturmaya zorlandı. Sonra hırsızlardan biri keskin kılıcını Jaḍa Bharata'nın boynunu kesip, ılık kanını Kalī'ye likör olarak sunmak için kaldırdı.

Tanrıça buna tahammül edemedi. Günahkâr hırsızların Rabbin bir adananını öldürmek üzere olduklarını anlamıştı. Birden tanrıçanın *mūrti*si yarıldı ve tanrıça yoğun ve dayanılmaz bir ışık demetiyle yanan vücuduyla ortaya çıktı. Çileden çıkmış olan tanrıça alev alev yanan gözleriyle etrafa alevler saçtı ve korkunç kıvrık dişlerini gösterdi. Kızıl küreleri andıran gözleriyle etrafa dik dik baktı; tüm evreni yok etmeye hazırmış gibi görünüyordu. Hışımla sunaktan aşağı atlayarak, dolandırıcıların aziz Jaḍa Bharata'yı öldürmeyi planladıkları kılıçla dolandırıcı ve hırsızların kellelerini uçurdu.

Jaḍa Bharata Kral Rahūgan'a Bilgi Veriyor

Kali tapınağından kurtulduktan sonra, Jaḍa Bharata, sıradan materyalist insanlardan uzak kalarak oradan oraya gezmeye başladı.

Bir gün Sauvīra'dan Kral Rahūgaṇa birkaç hizmetkârın omuzları üzerine dayanan bir tahtırevan üzerinde o yörede taşınıyordu ve yorulan hizmetkârlar sendelemeye başlamışlardı. Ikşumati ırmağından karşıya geçirmek için bir taşıyıcının daha yardımına ihtiyaçları olduğunu anlayan Kral'ın hizmetkârları böyle birisini aramaya başladılar. Kısa bir süre sonra çok genç ve öküz kadar güçlü olduğu için iyi bir seçim gibi görünen Jaḍa Bharata'yı gördüler. Ama Jaḍa Bharata tüm canlı varlıkları kardeşi olarak gördüğü için, bu işi pekiyi yapamadı. Yürürken karıncalara basmadığından emin olmak için ikide bir duruyordu. Yeniden doğuşun incelikli ve kesin yasalarına göre, tüm canlı varlıkların, daha yüksek bir yaşam formuna geçmeden önce, belli bir süre belli bir bedende kalmaları gerekir. Bir hayvan bu süreden önce öldürüldü mü, ruhunun, o türde süresini tamamlaması için aynı türe geri dönmesi gerekir. Bu nedenle *Veda*lar kişinin diğer canlı varlıkları keyfi olarak öldürülmekten kaçınması gerektiğini buyurur.

Gecikmeye neyin neden olduğunu fark edemeyen Kral Rahugana bağırdı: "Neler oluyor? Bunu doğru dürüst taşıyamıyor musunuz? Neden tahtırevanım sallanıp duruyor?"

Kralın tehditkâr sesini duyunca korkuya kapılan hizmetkârlar sorunun Jaḍa Bharata'dan kaynaklandığını söylediler. Kral, alaycılıkla Jaḍa Bharata'yı tahtırevanı zayıf, sıska ve yaşlı bir adam gibi taşımakla suçlayarak kızgınlıkla azarladı.

Oysa gerçek spirituel kimliğini kavramış olan Jaḍa Bharata bu beden olmadığını biliyordu. O ne şişmandı, ne zayıf, ne ince, ne de bedenini oluşturan et ve kemik kitlesiyle bir ilgisi vardı. O, bir makinenin içindeki sürücü misali, bedendeki ebedi ruh olduğunu biliyordu. Bu nedenle Jaḍa Bharata Kral'ın kızgınlıkla yaptığı eleştirilerden etkilenmedi. Kral onun öldürülmesini emretse bile umursamazdı, çünkü ruhun ebedi olduğunu ve asla öldürülemeyeceğini biliyordu. *Gītā*'da Rab Kṛṣṇa'nın söylediği gibi: "Beden öldürüldüğünde ruh öldürülmez."

Jaḍa Bharata sessiz kaldı ve tahtırevanı eskisi gibi taşımaya devam etti, ama Kral öfkesine hâkim olamayarak bağırdı: "Seni ahlaksız, sen ne yapıyorsun? Efendin olduğumu anlamıyor musun? İtaatsizliğin için şimdi seni cezalandıracağım!"

"Sevgili Kralım," dedi Jaḍa Bharata, "hakkımda söylediklerinizin hepsi doğrudur. Tahtırevanınızı taşımak için yeterince gayret göstermediğimi düşünüyor gibisiniz. Bu doğru, çünkü tahtırevanınızı taşıyan kesinlikle ben değilim! Onu bedenim taşıyor, fakat ben bu beden değilim. Beni sağlam ve güçlü olmamakla suçluyorsunuz, ama bu sadece sizin ruh can hakkında bilgisizliğinizi gösterir. Beden şişman veya ince, zayıf veya kuvvetli olabilir, ama hiçbir bilgili kişi içteki gerçek benlik hakkında böyle şeyler söylemez. Ruhum söz konusu olduğunda, o ne şişman ne de sıskadır; bu nedenle benim pek güçlü olmadığımı söylerken haklısınız."

Jaḍa Bharata Kral'a bilgi vermeye başladı: "Kendinizi efendi ve usta olarak görüyorsunuz ve bu nedenle bana emretmeye kalkışıyorsunuz, ama bu da yanlış; çünkü bu mevkiler çok kısa ömürlüdür. Bugün siz kralsınız ve ben sizin hizmetkârınızım, ama bir sonraki yaşamlarımızda mevkilerimiz değişebilir; siz benim hizmetkârım olursunuz ve ben sizin efendiniz."

Okyanusta dalgaların saman tanelerini bir araya getirmesi ve sonra onları ayırması gibi, ebedi zamanın gücü yaşayan varlıkları efendi ve hizmetkâr gibi geçici ilişkiler içinde bir araya getirir ve onları tekrar ayırır ve her şeyi yeniden düzenler.

"Her halükarda," diye devam etti Jaḍa Bharata, kim efendi ve kim hizmetkâr? Herkes maddî doğanın kurallarına göre hareket etmeye zorlanır; bu nedenle kimse ne efendidir ne de hizmetkâr."

Vedalar bu maddî dünyadaki insanların üstün bir gücün yönetmenliğinde rollerini ifa eden sahnedeki aktörler gibi olduğunu açıklar. Sahnede aktörlerden biri efendi rolünü ve bir diğeri onun hizmetkârı rolünü oynayabilir, ama her ikisi de aslında yönetmenin hizmetkârlarıdır. Benzer şekilde tüm yaşayan varlıklar Yüce Rab, Śrī Kṛṣṇa'nın hizmetkârlarıdırlar. Madde boyutundaki efendi ve hizmetkâr rolleri geçicidir ve hayalidir.

Tüm bunları Kral Rahūgaṇa anlattıktan sonra, Jaḍa Bharata şöyle dedi: "Eğer hala kendinizin efendi, benim ise hizmetkâr olduğumu düşünüyorsanız, bunu kabul edeceğim. Lütfen emredin. Sizin için ne yapabilirim?"

Spirituel bilim konusunda eğitim görmüş olan Kral Rahūgaṇa, Jaḍa Bharata'nın öğretilerini duymaktan şaşkındı. Onun aziz bir kişi olduğunu anlayan Kral hemen tahtırevanından indi. Kendisinin yüce bir hükümdar olmasıyla ilgili maddi kuram yok olmuştu ve hürmetlerini sunmak için, boylu boyunca uzanarak alçakgönüllülükle yere kapandı; başı kutsal kişinin ayaklarındaydı.

"Ey aziz kişi, neden dünyada diğerlerinin bilgisi dışında dolaşıyorsun? Kimsin? Nerede yaşıyorsun? Buraya neden geldin? Ey manevi öğretmen, spirituel bilgiye körüm. Lütfen söyle bana spirituel yaşamda nasıl ilerleyebilirim?"

Kral Rahūgaṇa'nın davranışı örnek teşkil ediyordu. Vedalar herkesin, kralların bile, ruh ve yeniden doğuş süreci hakkında bilgi kazanmak için spirituel bir öğretmene yakınlaşmaları gerektiğini beyan eder.

Jaḍa Bharata cevap verdi: "Zihni maddi arzularla dolu olduğu için, yaşayan varlık, maddi eylemlerin getirdiği haz ve acıların keyfine varmak ve eziyetini çekmek üzere bu maddi dünyada değişik bedenler edinir."

Kişi gece uyurken zihni keyif veya acı verici rüyamsı durumlar yaratır. Bir erkek rüyasında güzel bir kadınla ilişki kurduğunu görebilir, ama bu haz hayalidir. Rüyasında bir kaplan tarafından kovalandığını da görebilir, ama yaşadığı endişe de gerçek dışıdır. Aynı şekilde maddi mutluluk ve ıstırap da sadece maddi beden ve maddi mülkiyetle özdeşleşme durumuna bağlı olarak zihnin yarattığı durumlardır. Kişi asıl spiritüel bilincine uyandığında, tüm bunlarla hiçbir ilgisi olmadığını görür. Kişi bunu meditasyonla zihnini Yüce Rab üzerine odakladığında başarır.

Kişi zihnini sürekli Yüce Rabbe odaklama ve O'na hizmet konularında başarısız olursa, Jaḍa Bharata'nın tanımladığı doğum ve ölüm döngüsüne katlanmalıdır.

"Zihnin durumu değişik tür bedenlerde doğumlara neden olur" dedi Jaḍa Bharata. "Bu bedenler farklı türlerden olabilir; çünkü kişi zihnini spiritüel bilgiyi anlamak için kullanınca, daha yüksek bir beden edinir; sadece maddi haz için kullanınca, daha düşük bir beden edinir."

Jaḍa Bharata zihni bir lambanın aleviyle kıyasladı. "Alev fitili uygunsuz bir biçimde yakarsa, lamba bulanır; fakat eğer lamba arındırılmış tereyağı ile doldurulursa, lamba parlak bir aydınlanma sağlar. Maddi yaşamla meşgul olan zihin reenkarnasyon çarkında sonsuz ıstırap getirir; ama zihin spiritüel bilgi geliştirmek için kullanılırsa, spiritüel yaşamın öz parlaklığını getirir."

Sonra Jaḍa Bharata Kralı uyardı: "kişi maddi bedenle özdeşleştiği sürece sınırsız sayıdaki evrenlerde farklı yaşam türlerinde dolaşmak zorundadır. Bu nedenle kontrol altına alınmamış bir zihin canlı varlığın en büyük düşmanıdır."

"Sevgili Kral Rahūgaṇa, şartlanmış ruh maddi bedeni kabul ettiği ve maddi hazzın kirliliğinden kurtulmadığı sürece ve duyularını ve zihnini fethedip, benlik idraki platformuna gelmediği sürece, farklı yerlerde ve farklı kalıplarda maddi dünyada dolanmaya zorlanır."

Jaḍa Bharata sonra kendi geçmiş yaşamlarını açıkladı: "Geçmiş bir yaşamda, Kral Bharata olarak bilinirdim. Maddi eylemlerden tümüyle koparak mükemmelliğe ulaştım. Tümüyle Rabbe hizmetle meşguldüm, ama zihnim üzerindeki kontrolü gevşettim ve küçük bir geyiğe öylesine şefkat duydum ki,

ÜÇ REENKARNASYONUN TARİHÇESİ | 89

spirituel görevlerimi ihmal ettim. Ölüm anında bu geyik dışında hiçbir şeyi düşünemiyordum, dolayısıyla bir sonraki hayatımda bir geyiğin bedenini kabul etmek zorunda kaldım."

Jaḍa Bharata, reenkarnasyon döngüsünden kurtulmak isteyenlerin Rabbin benlik idrakine varmış adananlarıyla ilişkide olmalarının şart olduğunu Krala belirterek öğretisini sonlandırdı. Kişi sadece coşkulu adananlarla ilişki kurarak bilginin kusursuzluğuna varabilir ve maddi dünyanın hayali bağlantılarını yok edebilir.

Kişi Rabbin adananlarıyla ilişkiye girme fırsatına sahip olmadıkça, spirituel yaşamla ilgili ilk şeyi asla anlayamaz. Mutlak gerçeklik ancak büyük bir adananın lütfünü elde edene açıklanır, çünkü saf adananların topluluğunda politik ve sosyal maddi konuların tartışılmasına olanak yoktur. Saf adananlar topluluğunda sadece dikkatle övülen ve ibadet edilen Tanrı'nın Yüce Şahsının özellikleri, suretleri ve oyunları tartışılır. Kişinin uyku halindeki spirituel bilincini canlandıracak, acımasız reenkarnasyon döngüsüne sonsuza dek son verecek ve spirituel dünyada ebedi haz yaşamına dönmesini sağlayacak basit giz budur.

Büyük adanan Jaḍa Bharata'dan ders aldıktan sonra, Kral Rahūgaṇa ruhun yapısal konumunu tümüyle kavradı ve saf ruhları maddi dünyadaki sınırsız doğum ölüm döngüsüne zincirleyen yaşamın bedensel kavramından tümüyle vazgeçti.

Ölüm rabbinin hizmetçilerinin Ajamila'nın ruhunu kalbinden sökmek üzere olduklarını gören Rab Viṣṇu'nun hizmetçileri "Durun" diye haykırdılar.

III. Öteden Ziyaretçiler

Kişi bedenini terk ederken hangi varoluş halini hatırlarsa, kesinlikle o hali edinir.
Bhagavad-gītā 8. 6

Ruh, ölümden sonra gizemli yolculuğuna başladığında, dünyanın çeşitli büyük dinlerinin geleneklerine göre, diğer gerçeklik boyutlarından varlıklarla karşılaşabilir — yardım eden meleklerle veya evrensel adalet ölçüleriyle iyi ve kötü eylemleri tartan yargıçlarla. İnsanlığın kültürel tarihini tümüyle kapsayan çeşitli dini objeler bu tür sahneleri betimler. Etrurya'dan bir çömlek parçasının üzerindeki resim şehit olmuş bir savaşçının üzerinde meleksi bir beden gösterir. Orta Çağlardan bir mozaik ellerinde adalet tartısıyla sert bir St.Michael gösterir. Ölüme yakın deneyimler yaşamış olan pek çok insan sıkça bu tür varlıklarla karşılaştıklarını bildirirler.

Hindistan'ın Vedik yazınlarında, dindar ruha, spirituel dünyaya yapacağı yolculukta eşlik etmek üzere ölüm anında ortaya çıkan Rab Viṣṇu'nun hizmetkârları hakkında bilgi ediniriz. Vedalar, günahkâr bir insanın ruhunu zorla tutuklayıp, maddi beden hapishanesinde onu bir sonraki yaşamına hazırlayan, ölümün efendisi Yamarāja'nın ürkütücü temsilcileri hakkında da bilgi verir. Bu tarihsel anlatıda, Viṣṇu ve Yamarāja'nın hizmetkârları Ajāmila'nın ruhunun kaderi konusunda, özgür mü kılınması gerektiği yoksa yeniden bedenlenmesi mi gerektiği konusunda tartışırlar.

Kānyakubca şehrinde bir zamanlar, bir fahişeye âşık olduğu için spirituel yaşam yolundan düşen ve tüm iyi özelliklerini yitiren, Ajāmila adında bir *brāhmaṇa* rahip yaşamaktaydı. Rahiplikle ilgili görevlerinden vazgeçen Ajāmila hayatını hırsızlık ve kumarla kazanıyor ve yaşamını sefahat içinde sürdürüyordu.

Seksen sekiz yaşına geldiğinde, Ajāmila'nın fahişeden on tane oğlu olmuştu. Bir bebek olan en küçüğünün adı Yüce Rab Vişnu'nun isimlerinden biri olan Nārāyaṇa idi. Ajāmila küçük oğluna çok düşkündü ve çocuğun erken yürüme ve konuşma çabalarını seyretmekten büyük zevk alıyordu.

Bir gün hiçbir uyarı olmaksızın aptal Ajāmila'nın ölüm anı geldi çattı. Dehşet içindeki yaşlı adam karşısında acımasız çarpık yüzleri olan korkunç varlıklar gördü. Bu kurnaz varlıklar ellerinde iplerle onu zorla ölümün efendisi Yamarāja'nın huzuruna götürmeye gelmişlerdi. Bu iğrenç yaratıkları gören Ajāmila şaşkına döndü ve biraz ötede oynamakta olan sevgili oğluna duyduğu şefkatten dolayı "Nārāyaṇa! Nārāyaṇa!" diye yüksek sesle seslendi. Küçük oğlu için gözyaşı dökerken, büyük günahkâr Ajāmila bilinçsizce Rabbin yüce adını söyledi.

Ölen Ajāmila tarafından duygu dolu bir şekilde efendilerinin isminin zikredildiğini duyan Vişnu'nun emirlerini yerine getiren Vişnudūtalar saniyeler içinde oraya geldiler. Rab Vişnu'nun kendisi gibi görünüyorlardı. Gözleri tam olarak *lotus* çiçeğinin yapraklarına benziyordu; cilalanmış altından miğferler, topaz renginde ışıltılı ipek kıyafetler giyiyorlardı ve kusursuz bedenleri safir ve süt beyaz *lotus*lardan kolyelerle süslenmişti. Taze ve genç görünüyorlardı ve göz kamaştırıcı parlaklıkları ölüm odasının karanlığını aydınlatıyordu. Ellerinde yay, ok, kılıç, deniz kabuğu, gürz, disk ve *lotus* çiçeği tutuyorlardı.

Vişnudūtalar, Yamarāja'nın hizmetkârları Yamadūtaları, Ajāmila'nın ruhunu kalbinden sökerken gördüler ve yankılanan sesleriyle 'Dur!' diye haykırdılar.

Daha önce hiç kendilerine karşı koyan birileriyle karşılaşmamış olan Yamadūtalar, Vişnudūtaların bu sert komutunu duyunca titrediler. "Kimsiniz? Bizi niye durdurmaya çalışıyorsunuz?"diye sordular. "Bizler ölümün efendisi Yamarāja'nın hizmetkârlarıyız."

Viṣṇu'nun vekilleri gülümsediler ve yağmur bulutlarının gümbürtüsünü andıran derin bir sesle konuştular: "Eğer gerçekten Yamarāja'nın hizmetkârlarıysanız, bize doğum ve ölüm döngüsünün anlamını açıklamalısınız. Söyleyin bize: Kim bu döngüye girmeli, kim girmemeli?"

Yamadūtalar cevap verdiler: "Güneş, ateş, gök, hava, yarı tanrılar, ay, akşam, gündüz, gece, yönler, su, toprak ve Süper Ruh veya kalpteki Tanrı herkesin faaliyetlerine tanıklık ederler. Doğum ve ölüm döngüsünde cezalandırılması gerekenler, bu tanıklar tarafından dini görevlerinden saptıkları teyit edilenlerdir. Kişinin bu yaşamdaki dinsel ve din karşıtı eylemlerinin orantısına göre, kişi bir sonrakinde *karma*larının reaksiyonlarıyla haz almalı veya acı çekmelidir."

Gerçekte canlı varlıklar spiritüel dünyada Tanrı'nın ebedi hizmetkârları olarak varlıklarını sürdürürler. Ama Tanrı'ya hizmeti bıraktıklarında, doğanın üç halinden oluşan – iyilik, ihtiras ve cehalet - maddi evrene girmeleri gerekir. Yamadūtalar, bu maddi dünyadan keyif almayı arzulayan canlı varlıkların, bu hallerin kontrolü altına girdiklerini ve bu hallerle ilişkilerine göre uygun maddi bedenler aldıklarını açıkladılar. Erdem halindeki bir varlık yarı tanrı bedeni alır, ihtiras halindeki insan olarak doğar ve cehalet halindeki alt yaşam türlerine geçer.

Tüm bu bedenler rüyalarda deneyimlediğimiz bedenlere benzerler. Bir kişi uyuduğunda, gerçek kimliğini unutur ve rüyasında kral olduğunu görebilir. Uyumadan önce ne yaptığını hatırlayamaz, ya da uyandıktan sonra ne yapacağını hayal edemez. Aynı şekilde ruh geçici maddî bedenle özdeşleştiğinde, gerçek ruhsal kimliğini ve - insan bedenindeki ruhların çoğu tüm 8.400.000 yaşam türünde ruh göçü deneyimledikleri halde - maddi dünyadaki eski yaşamlarını unutur. Böylece canlı varlık insan yaşamında, hayvan yaşamında ve yarı tanrı yaşamında bir bedenden diğerine ruh göçü yaşar" dedi Yamadūtalar. "Canlı varlık bir yarı tanrı bedeni edindiğinde, çok mutlu olur.

İnsan bedeni edindiğinde, bazen mutlu bazen mutsuz olur. Ve hayvan bedeni edindiğinde, daima korku içindedir. Buna karşın her şartta doğum, ölüm, hastalık ve yaşlılığı deneyimleyerek çok acı çeker. Bu acıklı duruma *samsara* veya ruhun maddî yaşamda türler arasında göç etmesi denir."

"Aptal bedenlenmiş canlı varlık," diye devam etti Yamadūtalar, "duyularını ve zihnini kontrol edemeyerek, istemese bile, maddi doğanın hallerinin etkisi altında davranmaya zorlanır. Kendi tükürük salgısını koza örmek için kullanıp, sonra onun içinde kapana kısılan ipek böceği gibidir. Canlı varlık kendisini, kendi keyif veren eylemler ağında tuzağa düşürür ve sonra kendini kurtarmanın bir yolunu bulamaz. Böylece sersemler ve tekrar tekrar ölür ve doğar."

"Yoğun maddî arzularında dolayı," dedi Yamadūtalar, "canlı varlık belli bir ailede dünyaya gelir ve anne veya babasınınkine benzer bir beden edinir. Tıpkı bir baharın geçmiş ve gelecek baharların göstergesi olduğu gibi, bu beden de geçmiş ve gelecek bedenlerin göstergesidir.

İnsan bedenindeki yaşam özellikle değerlidir; çünkü ancak insan, kendisini doğum ve ölüm döngüsünden kurtaracak olan transandantal bilgiyi anlayabilir. Ama Ajāmila insan yaşamını boşa harcamıştı.

"Başlangıçta," dedi Yamadūtalar, "Ajāmila tüm *Vedik* yazın üzerine öğrenim görmüştü. İyi karakteri ve davranışı hazinesiydi. İyi huylu ve nazikti ve zihnini ve duyularını kontrol altında tutuyordu. Her zaman doğrulara sadıktı, *Vedik mantra*ları nasıl söyleyeceğini biliyordu ve saftı. Ajāmila her zaman spirituel gurusuna, misafirlerine ve ailesinin büyüklerine gerekli saygıyı gösteriyordu; gerçekten sahte saygınlık hevesinden arınmıştı. Tüm canlı varlıklara karşı yardımseverdi ve asla kimseyi kıskanmazdı."

"Bir gün Ajāmila, babasının talimatı üzerine, meyve ve çiçek toplamak için ormana gitti. Eve dönerken utanmazca bir fahişeye sarılan ve öpen şehvetli alt sınıf bir adama rastladı.

Adam bu doğru bir davranışmış gibi, gülümsüyor, şarkı

söylüyor ve yaşadıklarından zevk alıyordu. Adam da fahişe de sarhoştular. Fahişenin gözleri sarhoşluktan yuvalarında dönüyordu ve giysisi vücudunu gösterecek bir şekilde üzerinden sıyrılmıştı. Ajāmila bu fahişeyi görünce, kalbinde uyku halinde olan şehvetli duygular uyandılar ve o, yanılgı içinde bu duyguların kontrolü altına girdi. Kutsal kitapların öğretilerini hatırlamaya ve bu bilginin ve zekâsının yardımıyla, şehvet duygularını kontrol altına almaya çalıştı. Fakat kalbinde hüküm süren aşk tanrısının gücü yüzünden, zihnini kontrol edemedi. Bu olaydan sonra daima o fahişeyi düşündü ve kısa sürede onu evine hizmetçi olarak aldı.

"Daha sonra Ajāmila tüm spiritüel uygulamaları bıraktı. Babasından kalan mirası fahişeye hediyeler almak için harcadı ve saygın bir Brāhmaṇa aileden gelen genç güzel eşini bile reddetti."

"Bu ahlaksız Ajāmila ister yasal ister yasadışı yollardan olsun bir şekilde para buluyordu ve bunu fahişenin oğullarını ve kızlarını geçindirmek için kullanıyordu. Ölümden önce bunları affettirecek hiçbir şey yapmadı. Bu nedenle günahkâr yaşamı yüzünden, onu Yamarāja'nın huzuruna götürmeliyiz. Orada günahkâr eylemlerinin derecesine göre cezalandırılacak ve daha sonra uygun bir bedenle maddi dünyaya geri gönderilecek."

Yamadūtaların sözlerini dinledikten sonra, mantık ve tartışma konularında uzman olan Rab Viṣṇu'nun hizmetkârları cevap verdiler: "Dini prensipleri desteklemekle yetkili olanların gereksiz yere masum bir insanı cezalandırmalarını görmek ne kadar acı. Ajāmila zaten bütün günahlarını affettirecek hareketlerde bulundu. Üstelik sadece bu yaşamda işlenen günahlarını değil, geçmiş milyonlarca yaşamında işlemiş olduğu günahlarını da affettirdi: çünkü ölüm anında zihnin çaresiz olduğu bir durumda, Nārāyaṇa'nın kutsal ismini zikretti. Dolayısıyla şimdi saf ve reenkarnasyon döngüsünden kurtulmaya hak kazandı."

"Rab Viṣṇu'nun adının zikredilmesi," dediler Viṣṇudūtalar, "bir hırsız veya bir ayyaş, arkadaşına veya akrabasına ihanet eden biri, rahip öldüren biri veya gurusunun veya bir başka üstünün eşiyle cinsel ilişkiye giren biri için en iyi kendini affettirme yöntemidir. Bir kadını, kralı veya babasını öldüren biri, inekleri öldüren biri veya diğer günahkârlar için de en iyi telafi yoludur. Sadece Rab Viṣṇu'nun kutsal adını zikrederek bu tür günahkâr insanlar Yüce Rabbin dikkatini çekebilirler. O da şöyle düşünür: "Bu adam benim kutsal adımı söylediği için, onu korumak Benim görevim."

Bu kavga ve riyakârlık çağında, yeniden doğuş döngüsünden kurtulmak isteyenler, bir kurtarıcı olan büyük *mantrayı*, Hare Kṛṣṇa *maha-mantra*sını söylemelidirler; çünkü o, kalbi, kişiyi doğum ve ölüm döngüsüne hapseden tüm maddi arzulardan arındırır.

Viṣṇudūtalar şöyle dediler: "Rabbin yüce adını söyleyenler, bunu şaka olarak ya da melodisinden zevk aldıkları için yapsalar bile, sınırsız günahlardan arınırlar. Bu, kutsal metinlerde ve bilgili âlimler tarafından böyle kabul görür."

"Eğer kişi, Rab Kṛṣṇa'nın yüce adını anıp, sonra kazada ölürse veya vahşi bir hayvan tarafından öldürülürse veya hastalıktan ölürse veya silahla öldürülürse, hemen yeniden doğmaktan kurtulur. Ateşin kuru otları küle çevirmesi gibi, Kṛṣṇa'nın yüce adı kişinin karmik reaksiyonlarını küle çevirir."

Viṣṇudūtalar sonra şöyle dediler: "İlacın gücünden habersiz biri, ilaç alırsa veya almaya zorlanırsa, o bilmese de ilaç etkisini gösterir. Kişi, Rabbin yüce adını anmanın değerini bilmese de, O'nun adını söylemek kişiyi reenkarnasyondan kurtarma konusunda yine de etkili olur."

"Ölüm anında," dedi Viṣṇudūtalar, " Ajāmila çaresizlik içerisinde ve yüksek sesle Rabbin, Nārāyaṇa'nın yüce adını söyledi. Sadece bu ismi söylemesi bile onu bu günahkâr yaşamı için tekrar doğma gereğinden kurtardı. Bu nedenle onu bir yaşam boyu daha maddi bedende cezalandırılmak üzere efendinize götürmeye çalışmaktan vazgeçin."

Viṣṇudūtalar Ajāmila'yı ölümün efendisinin hizmetkârlarının

iplerinden kurtardılar. Ajāmila kendine geldi ve korkudan arınmış, kalpten gelen bir hürmetle Viṣṇudūtaların ayaklarına kapanıp saygılarını sundu. Ama Viṣṇudūtalar Ajāmila'nın kendilerine bir şey söylemeye çalıştığını görünce, ortadan kayboldular.

"Bu gördüğüm bir rüya mıydı?" diye düşündü Ajāmila. "Yoksa gerçek miydi? Ellerinde iplerle beni sürükleyerek götürmeye gelen ürkütücü adamlar gördüm. Nereye gittiler? Peki, beni kurtaran o dört ışıltılı varlık nerede?"

Sonra Ajāmila yaşamı hakkında düşünmeye başladı. "Duyularımın uşağı haline gelerek, ne kadar da alçaldım! Aziz bir *brahmana* pozisyonumdan düştüm ve bir fahişenin rahminden çocuklar yaptım. Erdemli ve güzel eşimden vazgeçtim. Dahası anne ve babam yaşlıydılar ve kendilerine bakacak başka bir arkadaşları veya oğulları yoktu. Onlara bakmadığım için, büyük acılar ve zorluklar içerisinde yaşadılar. Şimdi benim gibi günahkâr birinin gelecek yaşamında cehennemi acılar çekmez zorunda bırakılması gerektiği son derece açık.

"Çok şanssız bir insanım," dedi Ajāmila, "ama şimdi bana bir şansım daha tanındığına göre, zalim doğum ve ölüm döngüsünden kurtulmaya çalışmalıyım."

Ajāmila hemen fahişe eşinden vazgeçerek, Himalayalar'da bir hac merkezi olan Haridvar'a gitti. Orada, Yüce Rabbe adanmışlık hizmetinin *yoga*sı olan, *Bhakti yoga* uygulayabileceği bir Viṣṇu tapınağına sığındı. Zihni ve zekâsı kusursuz bir meditasyonla Rabbin suretine odaklandığında, Ajāmila yine karşısında o dört tanrısal varlığı gördü. Onların, kendisini ölümün temsilcilerinden kurtaran aynı Viṣṇudūtalar olduğunu fark edince, önlerinde eğildi.

Haridvar'da Ganj Nehrinin kıyısında otururken Ajāmila geçici maddî bedenini terk etti ve ölümsüz spiritüel suretine kavuştu. Viṣṇudūtaların eşliğinde, altın bir hava aracına bindi ve havayollarından geçerek, bu maddi dünyada bir daha bedenlenmemek üzere, direk olarak Rab Viṣṇu'nun evine gitti.

Bir noktada bulunan suret veya fotoğrafların havadaki eteri unsur vasıtasıyla diğer bir noktaya aktarılmasını mümkün kılan modern televizyon bilimi, eter içerisinde bazı ince formların varlığını kanıtlar.

5

Ruhun Gizemli Yolculuğu

(Śrī Śrīmad A.C. Bhaktivedanta Swami Prabhupāda'nın yazılarından alıntılar)

Yaşamımız Zaman İçinde Sadece Bir Andır

Hatırlanamayacak kadar eski zamanlardan beri, neredeyse sonsuz bir süredir canlı varlık yaşamın farklı türlerinde ve farklı gezegenlerde yolculuğunu sürdürmektedir. Bu süreç *Bhagavad-gītā*'da şöyle açıklanır: *Maya*'nın etkisi altında herkes maddi enerjinin sunduğu beden denen arabanın içinde evrende dolanır durur. Materyalist yaşam bir dizi eylem ve onların reaksiyonlarından oluşur. Bu, bir dizi eylem ve onların reaksiyonlarından oluşan uzun bir film şeridi gibidir ve bir yaşam süresi bu tür bir reaksiyonlar şovunda sadece anlık bir parlamadır. Bir bebek doğduğunda, belirlenmiş beden tipiyle başka bir faaliyetler dizisinin başladığı anlaşılmalıdır ve yaşlı bir adam öldüğünde, belli bir reaksiyonlar dizisinin sona erdiği anlaşılmalıdır.

Śrīmad Bhāgavatam (3.31.44)

Seçtiğiniz Bedeni Alırsınız

Yaşayan varlık kişisel arzularıyla kendi bedenini oluşturur ve Rabbin dışsal enerjisi ona arzularını en iyi şekilde gerçekleştireceği kusursuz bedeni temin eder. Kaplan diğer bir hayvanın kanından zevk almayı arzuladığı için, Rabbin lütfüyle maddi enerji ona bir başka hayvanın kanından keyif almayı kolaylaştıran kaplanın bedenini verdi.

Śrīmad Bhāgavatam (2.9.2)

Ölüm Bir Önceki Yaşamın Unutulmasıdır

Ölümden sonra kişi o anki bedensel ilişkileri unutur; gece uyuduğumuzda da benzer bir deneyim yaşarız. Bu unutma sadece birkaç saatlik geçici bir durum da olsa, uyurken bu beden ve bedensel ilişkilerimizle ilgili her şeyi unuturuz. Ölüm, arzularımıza göre, doğa kanunları tarafından bize verilen bir bedensel hapsolma dönemini daha da geliştirmek için, birkaç ay uyumaktan başka bir şey değildir. Bu yüzden kişi arzularını şimdiki bedenine sahipken değiştirmelidir ve bunu yapmak için şimdiki insan yaşamı süresinde eğitime gereksinimi vardır. Bu eğitim yaşamın herhangi bir safhasında, hatta ölümden bir kaç dakika önce bile başlayabilir; fakat olağan yöntem, kişinin bu eğitimi yaşamın erken dönemlerinden itibaren almasıdır.

Śrimad-Bhāgavatam (2.1.15)

Ruh Önce İnsan Sureti Alır

En önceleri canlı varlık spiritüel varlıktır, ama maddi âlemden zevk almayı arzuladığında, bu durumundan aşağı düşer. Canlı varlığın önce insan suretinde bir beden aldığını kabul edebiliriz; ama zaman içinde küçültücü faaliyetlerinden dolayı, daha aşağı- hayvan, bitki ve su canlısı - yaşam suretlerine düşer. Evrimin kademeli doğal süreciyle, canlı varlıklar tekrar insan bedeni edinir ve ruh göçü sürecinden kurtulması için kendisine bir olanak daha tanınır. Eğer yine insan suretinde durumunu anlama şansını yitirirse, tekrar çeşitli bedenlerde doğum ve ölüm döngüsünün içine bırakılır.

Śrimad-Bhāgavatam (4.29.4)

Reenkarnasyon Bilimi Modern Bilim Adamları İçin bir Bilinmeyendir

Ruh göçü bilimi modern bilim adamlarının bilgisi dışındadır. Sözde bilim adamları bu tür şeylerle ilgilenmekten hoşlanmıyorlar; çünkü bu incelikli konuyu ve yaşamın sorunlarını ele alsalar, geleceklerinin ne kadar karanlık olduğunu görürler.

Śrimad-Bhāgavatam (4.28.21)

Reenkarnasyon Konusunda Bilgisizlik Tehlikelidir

Çağdaş uygarlık ailevi konfor ve hayatı zevkli hale getirecek şartlarda yüksek standart üzerine kurulu olduğu için, emeklilikten sonra herkes, böyle rahat bir evden ayrılmayı arzulamaksızın, hoş hanımlar ve çocuklarla bezeli iyi döşenmiş evlerde son derece rahat bir yaşam sürdürmeyi bekler. Yüksek rütbeli devlet görevlileri ve bakanlar bir ödül olarak gördükleri memuriyetlerine ölüme kadar sarılır ve evin rahatlığından ayrılmayı ne hayal edebilir, ne de arzularlar. Bu tür sanrılarla kuşatılmış halde, materyalist insan daha da rahat bir yaşam için çeşitli planlar hazırlar, ama aniden acımasız ölüm merhametsizce gelir ve büyük planlar yapan bu kişiyi, şu anki bedenini bir başkası için terk etmeye zorlayarak alır götürür. Bu tür planlar yapanlar çalışmalarının meyvelerine göre 8.400.000 yaşam türünden birinde beden kabul etmeye zorlanırlar.

Ailevi konfora fazlasıyla bağlı olan kişilere, uzun bir günahkâr yaşam süresince işledikleri günahlara atfen, genellikle bir sonraki yaşamlarında daha düşük türlerde yaşam verilir ve böylece insan yaşamının enerjisi heba edilmiş olur. İnsan suretini heba etme tehlikesinden kurtulmak için, kişi ölüm tehdidini, daha erken olamazsa, en azından elli yaşında algılamalıdır. Prensip şudur ki, kişi ölüm tehdidinin şimdiden var olduğunu kabul etmeli ve böylece yaşamın herhangi bir evresinde kendisini daha iyi bir sonraki yaşama hazırlamalıdır.

Śrimad-Bhāgavatam (2.1.16)

Bu tür sanrılarla kuşatılmış halde, materyalist insan daha da rahat bir yaşam için çeşitli planlar hazırlar, ama aniden acımasız ölüm merhametsizce gelir ve büyük planlar yapan bu kişiyi, şu anki bedenini bir başkası için terk etmeye zorlayarak alır götürür.

"Ve Sen Toza Geri Döneceksin"

Öldüğümüzde toprak, su, hava, ateş ve eterden oluşan bu maddi beden parçalanarak bileşenlere ayrılır ve kaba maddeler elementlere döner. Veya Hıristiyanların İncil'inin dediği şekliyle, "Tozsun ve toza döneceksin." Bazı toplumlarda beden yakılır, bazılarında gömülür ve bazılarında hayvanlara atılır. Hindistan'da Hindular bedeni yakarlar ve böylece beden küle dönüşür. Kül sadece toprağın bir başka halidir. Hıristiyanlar bedeni gömerler ve mezarda bir süre kaldıktan sonra, beden nihayetinde toza dönüşür ki bu da kül gibi toprağın bir başka halidir. Bedeni, ne yakan ne de gömen Hindistan'daki Parsi cemaati gibi diğer bazı topluluklar, akbabalara atarlar; akbabalar hemen bedeni yemeye gelir ve beden nihai olarak dışkıya dönüşür. Böylece her durumda sabunladığımız ve yakından ilgilendiğimiz bu güzel beden sonuçta dışkı, kül veya toza dönüşecektir. Ölümde narin elementler (zihin, zekâ ve ego), kişinin yaptıklarının sonucunda acı çekmesi veya keyif alması için, küçük zerrecik ruh canı başka bir bedene taşırlar.

Kusursuzluk Yolu, s. 101

Astroloji ve Reenkarnasyon

Yıldızların canlı varlık üzerindeki etkisinin astronomik olarak hesaplanması, *Śrimad-Bhāgavatam*'da teyit edildiği üzere, varsayımsal değil, gerçektir. Bir vatandaş nasıl devletin gücünün kontrolü altındaysa, her canlı varlık da her an doğa kurallarının kontrolü altındadır. Devletin yasalarına tümüyle uyulur, ama doğanın maddi kanunları bizim kaba anlayışımıza göre incelikli olduğu için kaba platformda deneyimlenemez.

Doğa yasaları öylesine inceliklidir ki, bedenimizin her parçası belli yıldızların etkisi altındadır ve canlı varlık işleyen bedenini bu tür astronomik etkilerin yönetiminde hapis süresini tamamlamak üzere edinir. Bir insanın kaderi doğum anında yıldızların dağılımıyla araştırılır ve bilgili bir astrolog tarafından haritası çıkarılır. Bu büyük bir bilimdir ve bu bilimin yanlış kullanılması onu işe yaramaz kılmaz.

Bu astral etkileşimin uygun şekilde düzenlemesi asla insan iradesinin bir ürünü değildir; Yüce Rabbin yardımlarının üstün yönetiminde yapılan bir ayarlamadır. Elbette bu düzenlemeler canlı varlığın iyi veya kötü eylemlerine göre yapılmaktadır. Burada canlı varlık tarafından gerçekleştirilen dindar davranışların önemi ortaya çıkmaktadır. Sadece dindar davranışlarıyla kişiye iyi bir servete, iyi bir eğitime ve güzel bir yüze sahip olma izni verilebilir.

Śrimad-Bhāgavatam (1.12.12)

(Editörün notu: burada "bilgili astrolog" terimi Vedik astroloji biliminde tam bir eğitim görmüş kişi için kullanılır. Bununla kıyaslanınca modern popüler astroloji hatalarla dolu duygusallık içinde aptalca bir uygulamadır.)

Düşünceleriniz Bir Sonraki Bedeninizi Yaratır

Eterde narin suretlerin olduğu, şekil veya fotoğrafların narin element aracılığıyla bir yerden bir başka yere yayınlanmasıyla, televizyon yayınlarıyla modern bilim tarafından ispatlanmıştır. *Śrimad-Bhāgavatam* büyük bilim araştırma çalışmalarına potansiyel temel oluşturmaktadır; çünkü narin suretlerin narin elementten nasıl yaratıldığını, karakteristiklerinin ve eylemlerinin ne olduğunu ve hava, ateş, su ve toprak gibi elle tutulabilir elementlerin narin suretten nasıl tezahür ettirildiğini açıklar. Düşünmek, hissetmek ve istemek gibi zihinsel ve psikolojik faaliyetler de narin varoluş platformunda faaliyetlerdir. *Bhagavad-gītā*'da, ölüm anındaki zihinsel durumun bir sonraki yaşamın temelini oluşturduğu ifadesi, *Bhāgavatam*'ın çeşitli yerlerinde teyit edilmektedir. Zihinsel varoluş fırsat bulduğu an elle tutulur hale gelir.

Śrimad-Bhāgavatam (3.26.34)

Neden Bazı İnsanlar Reenkarnasyonu Kabul Edemiyor?

Ölümden sonra yaşam vardır ve kişinin kendisini tekrarlayan doğum ve ölüm döngüsünden kurtarma ve ölümsüz bir yaşama kavuşma şansı da vardır. Fakat hatırlanamayacak kadar uzun bir süreden beri, bir bedenin ardından bir diğerini kabul etmeye alışkın olduğumuz için, ebedi bir yaşamı kavramak bizler için oldukça zordur. Ve maddi varoluşta yaşam o kadar zorluklarla doludur ki, kişi ebedi bir yaşam olduğu takdirde, onun da aynı zorluklarla dolu olması gerektiğini düşünebilir. Örneğin, acı ilaçlar içen ve yatakta yatan, yatakta yiyen ve yatakta abdestini ve idrarını yapan, hareket edemeyen hasta bir adam, yaşamını o kadar çekilmez bulabilir ki, "İntihar etsem," diye düşünebilir. Benzer şekilde materyalist yaşam o kadar bedbahtlık vericidir ki, umutsuzluk içindeki kişi bazen, kendi varlığını inkâr etmek ve her şeyi sıfırlamak için, hiçlik veya gayrı şahsiyetçilik felsefelerinden hoşlanabilir. Ne var ki aslen sıfırlanmak ne mümkün, ne de gereklidir. Bizler maddi şartlarda sorun sahibiyiz, ama maddi şartlardan çıktığımızda gerçek yaşamı, ebedi yaşamı bulabiliriz.

Kraliçe Kuntī'nin Öğretileri (s. 107)

Sadece Bir Kaç Yıl Daha!

Karma, bu bedeni rahat ya da rahatsız ettirmek üzere gerçekleştirilen sonuç yaratan eylemlerin toplamıdır. Gerçekten bir adamın ölmek üzereyken, planlarını tamamlamak üzere, doktorundan, kendisine dört yıl daha yaşama şansı sağlamasını istediğini gördük. Bu, ölürken planlarını düşündüğü anlamına gelir. Bedeni yok edildikten sonra, şüphesiz zihin, zekâ ve egodan oluşan narin beden vasıtasıyla planlarını da beraberinde götürmüştür. Böylece daima kalbin içinde yer alan Süper Ruh'un, Yüce Rabbin lütfüyle bir şans daha elde eder. Bir sonraki doğumunda, kişi hatırlama gücünü Süper Ruhtan alır ve geçmiş yaşamda başladığı planları uygulamaya devam eder. Maddi doğa tarafından temin edilen aracın içinde ve kalbindeki Süper Ruh tarafından hatırlatılarak, yaşayan varlık planlarını gerçekleştirmek için evrenin her bir yerinde mücadelesini sürdürür.

Śrimad-Bhāgavatam (4.29.62)

Ameliyatsız Cinsiyet Değişimi

Bir adamın bir sonraki yaşamındaki doğumu ölüm anında ne düşündüğüyle bağlantılıdır. Eğer kişi karısına fazla bağlanmışsa, doğal olarak ölüm anında karısını düşünür ve bir sonraki yaşamında kadın vücudu alır. Benzer şekilde eğer bir kadın ölüm anında kocasını düşünürse, doğal olarak bir sonraki yaşamında erkek vücudu alır.

Bhagavad-gītā'da söylenileni daima hatırlamalıyız: kaba ve narin maddi bedenlerin her ikisi de giysidir; canlı varlığın gömleği ve ceketi gibidirler. Kadın ya da erkek olmak sadece kişinin bedensel giysisiyle ilgilidir.

Śrimad-Bhāgavatam (3.31.41)

Rüyalar ve Geçmiş Yaşamlar

Rüyalarımızda bazen mevcut bedenlerimizde asla deneyimlemediğimiz şeyleri görürüz. Hiç uçmamış olduğumuz halde, bazen rüyalarımızda gökyüzünde uçtuğumuzu görürüz. Bu, geçmiş yaşamlardan birinde, yarı tanrı veya astronot olarak gökte uçtuğumuz anlamına gelir. İzlenim zihnin kayıt stokunda bulunmakta ve aniden kendini ifade etmektedir. Bu, suyun derinliklerinde gerçekleşen mayalanma gibidir ve bazen kendisini suyun üzerine çıkan baloncuklarla belli eder. Bazen rüyamızda bu yaşamda hiç bilmediğimiz veya deneyimlemediğimiz bir yere geldiğimizi görürüz. Bu, bu olayı geçmiş bir yaşamda deneyimlediğimizin ispatıdır. İzlenim zihinde tutulur ve bazen rüyada ya da düşüncelerde ortaya çıkar. Sonuç zihnin, geçmiş yaşamlarımızda gerçekleşen çeşitli düşünce ve deneyimlerin deposu olduğudur. Böylece bir yaşamdan diğerine, geçmiş yaşamlardan bu yaşama ve bu yaşamdan gelecek yaşamlara bir devamlılık zinciri vardır

Śrīmad-Bhāgavatam (4.29.64)

Koma ve Gelecek Yaşamlar

Maddi faaliyetlerle tamamen meşgul olan canlı varlık, maddi bedenine fazlasıyla bağımlı hale gelir. Ölüm anında bile, o anki bedenini ve ona bağlı olan akrabalarını düşünür. Böylece yaşamın bedensel kavramına tümüyle kapılır; hatta öylesine kapılır ki ölüm anında bile o anki bedenini terk etmekten nefret eder. Bazen ölümün kıyısındaki bir kişinin, bedenini terk etmeden önce, günlerce komada kaldığı görülür.

Bir kişi, bir başbakan veya başkanın bedeninden keyif almakta olabilir; ama bu kişi bir köpek veya domuzun bedenini kabul etmeye zorlanacağını anlayınca, o anki bedenini terk etmemeyi seçer. Bu nedenle kişi ölmeden önce günlerce komada kalır.

Śrīmad-Bhāgavatam (4.29.77)

Hayaletler ve İntihar

Hayaletler, bir önceki yaşamlarında intihar gibi büyük günah dolu faaliyetlerinden dolayı fiziksel bedenden mahrumdurlar. Hayaletsi karakterlerin insan toplumunda son çareleri maddi veya spiritüel intihara sığınmaktır. Maddi intihar fiziksel bedenin kaybına neden olur ve spiritüel intihar bireysel kimliğin kaybına neden olur.

Śrīmad-Bhāgavatam (3.14.24)

Beden Değişimi: Maya'nın Yansımaları

Ay sabit ve tektir; fakat suyun veya yağın üzerine yansıdığında, rüzgârın hareketinden dolayı, farklı şekiller alıyor gibi görünür. Benzer şekilde ruh Tanrı'nın Yüce Şahsı, Kṛṣṇa'nın ebedi hizmetkârıdır; ama maddi doğanın halleri içine konulunca, bazen yarı tanrı, bazen insan, bazen köpek, bazen ağaç, vs...

gibi farklı bedenler alır. Tanrı'nın Yüce Şahsı'nın yanıltıcı gücü *māyā*nın etkisiyle, canlı varlık kendisini şu kişi, bu kişi, Amerikalı, Hintli, kedi, köpek, ağaç, vs… olarak düşünür. Buna *māyā* denir. Kişi, bu şaşkınlıktan kurtarıldığı ve ruhun bu maddi dünyadaki hiçbir surete ait olmadığını anladığı zaman, spirituel platforma ulaşır. Canlı varlık özgün spirituel suretine ve anlayışına kavuşur kavuşmaz, yüce surete, Tanrı'nın Yüce Şahsı'na teslim olur.

Śrimad-Bhāgavatam (10.1.43)

Politikacılar Kendi Ülkelerinde Yeniden Doğarlar

Ölüm anında, her canlı varlık, eşine ve çocuklarına ne olacağı konusunda endişelenir. Benzer şekilde bir politikacı ülkesine veya siyasi partisine ne olacağı konusunda da endişelenir. Haddinden fazla doğduğu ülkeye bağlı olan bir politikacı ya da sözde milliyetçi, siyasi kariyeri bittikten sonra tabi ki tekrar aynı ülkede doğacaktır. Kişinin bir sonraki yaşamı bu yaşamda yaptıklarından da etkilenecektir. Bazen politikacılar kendi keyifleri için son derece günahkârca davranmaktadır. Hasmını öldürmek bir politikacı için sıra dışı bir davranış değildir. Bir politikacının aynı ülkede doğmasına izin verilse de, yine de geçmiş yaşamındaki günahkâr faaliyetleri için acı çekmesi gerekir.

Śrimad-Bhāgavatam (4.28.21)

Hayvanları Öldürmek Neden Yanlıştır?

Ahimsa [şiddetsizlik] yaşayan hiçbir canlının gelişmekte olan yaşamını engellememek anlamına gelir. Kişi, spirituel kıvılcım, beden öldürüldükten sonra bile asla öldürülemediği için, duyu tatmini için hayvanları öldürmenin bir sorun yaratmayacağını düşünmemelidir. Zamanımızda bol miktarda tahıl, meyve ve süt bulunmasına rağmen, insanlar hayvan yemeye bağımlı.

Hayvan öldürmek için hiçbir zorunluluk yoktur. Hayvanlar da bir grup hayvan yaşamından diğerine göç ederek evrimsel yaşamlarında ilerleme kaydediyorlar. Bir hayvan öldürüldüğünde, ilerlemesi durdurulur. Eğer bir hayvan belli bir bedende şu kadar yıl şu kadar gün kalıyorsa ve zamansız öldürülürse, yaşamın başka bir türüne ilerleyebilmek için, o yaşam suretinde tekrar dünyaya gelip, kalan günlerini tamamlaması gerekir. Kişinin sadece damak zevkini tatmin etmek için, onların evrimsel ilerlemesini durdurmaması gerekir.

Bhagavad-gītā (16.1–3.)

Evrim: Ruhun Türler Arasındaki Yolculuğu

Çok çeşitli yaşam suretleri olduğunu görüyoruz. Bu değişik yaşam suretleri nereden geliyor? Köpek sureti, kedi sureti, ağaç sureti, sürüngen sureti, böcek sureti, balık sureti?

Evrim var olabilir, ama aynı zamanda farklı türler varlıklarını sürdürüyorlar. Balıklar varlıklarını sürdürüyor; insanlar varlıklarını sürdürüyor; kaplanlar varlıklarını sürdürüyor; herkes varlığını sürdürüyor.

Tıpkı herhangi bir şehirdeki değişik tür evler gibi, kira ödeme gücünüze göre, bu evlerden birinde yaşayabilirsiniz, fakat her tür ev aynı anda varlığını sürdürür. Benzer şekilde *karma*larına göre, canlı varlığa, bu bedensel suretlerden birinde yaşama olanağı tanınır. Ama bir de evrim vardır. Balıktan sonraki evrim aşaması bitki yaşamıdır. Canlı varlık bitki suretinden böcek bedenine geçebilir. Böcek bedeninden sonraki aşama kuştur, sonra hayvan ve sonunda ruh can insan suretindeki yaşama evrimleşebilir. Ve eğer kişi gerekli nitelikleri kazanırsa, insan suretinden sonraki aşamaya evrimleşebilir. Aksi takdirde tekrar evrimsel döngüye girmelidir. Bu nedenle insan suretinde yaşam canlı varlığın evrimsel gelişiminde önemli bir kavşaktır.

Bilinç: Kayıp Bağlantı

Maya'nın Yanılsamaları

*Maya'nın yanılsaması tekrar denize karışan
bir köpük gibidir.
Hiç kimse anne, baba veya akraba değildir;
Tıpkı denizköpüğü gibi, hepsi sadece bir an kalır.
Ve denizin köpüğü nasıl denize karışırsa,
Beş elementten oluşan bu değerli beden yok olur.
Kim söyleyebilir kaç kısa ömürlü suret
Aldığını bu bedenlenmiş ruhun?*

Śrī Śrīmad A.C. Bhaktivedanta
Swami Prabhupāda tarafından bir Bengal şiiri.

Maddi doğa hiçbir ayırım gözetmeksizin midesini büyük miktarlarda çeşitli yiyeceklerle dolduran obur bir insana bir sonraki yaşamında domuz veya keçi bedenini sunabilir.

6

Reenkarnasyonun Mantığı

> *"Reenkarnasyonun dünyadaki kötülüğün açıklaması ve haklı çıkarılması anlamına geldiği hiç aklınıza geldi mi? Kötülükler karşısında çektiğimiz acılar, geçmiş yaşamlarımızda işlemiş olduğumuz günahların sonucu ise, onlara sabırla katlanabilir ve eğer bu yaşamda erdemli olmaya gayret gösterirsek, gelecek yaşamlarımızın daha az etkileneceğini umut edebiliriz.*
> *– W. Somerset Maugham – The Razor's Edge*

İki çocuk aynı günde aynı anda doğarlar. Birinin ailesi zengin ve iyi eğitim görmüştür ve yıllardır ilk çocuklarının doğumunu büyük bir hevesle beklemektedirler. Doğan çocukları pırıl pırıl, sağlıklı, çekici ve güzel bir gelecek vadeden bir oğlandır. Kesinlikle kader ona gülmüştür.

Diğer çocuk gözünü tamamen farklı bir dünyada açar. Hamileyken terk edilmiş bir anneye doğar. Fakirliği içinde anne hastalıklı çocuğuna bakma konusunda isteksizdir. Önlerindeki yol zorluklar ve engellerle doludur ve bunları aşmak kolay olmayacaktır.

Dünya bu tür eşitsizliklerle doludur. Bu bariz eşitsizlikler şu tür sorulara neden olur: "Tanrı nasıl bu kadar adaletsiz olabilir? George ve Mary oğullarının kör doğması için ne yapmış olabilirler? Onlar iyi insanlar. Tanrı o kadar merhametsiz ki!"

Buna karşın reenkarnasyon ilkeleri, yaşama, çok daha geniş, hatta sonsuzluğu kapsayan, bir bakış açısıyla bakmamızı sağlar.

Bu bakış açısıyla, bu kısa yaşam süresi varoluşumuzun başlangıcı olarak değil, sadece zaman içinde bir parlama olarak görünür ve gerçekten dindar olan bir kişi acı çekiyorsa, onun, bu veya geçmiş yaşamlarındaki dine aykırı faaliyetlerinin bedelini ödemekte olduğunu anlarız. Evrensel adaleti kapsayan bu daha geniş bakış açısıyla, her bireysel ruhun kendi başına *karma*sından sorumlu olduğunu görürüz.

Faaliyetlerimiz tohumlara benzer. Başlangıçta faaliyette bulunuruz veya tohum ekeriz ve zaman içinde neden oldukları reaksiyonlar ortaya çıkar, meyve verirler. Bu tür reaksiyonlar canlı varlık için ıstırap veya keyif üretebilir ve o karakterini geliştirerek ya da gittikçe hayvanlaşarak karşılık verir. Her iki durumda da, reenkarnasyon kanunları, her canlı varlığa geçmiş faaliyetleriyle kazandığı kaderi vererek, tarafsızca işlem görür.

Bir suçlu, bilinçli olarak kanunları çiğneyerek hapse girmeyi seçer, ama bir başkasına mükemmel hizmeti karşılığında yargıtayda görev verilir. Aynı şekilde ruh, geçmiş ve şu anki arzuları ve eylemleriyle, belli bir fiziksel suret de dâhil olmak üzere kendi kaderini seçer. Kimse "Ben doğmayı istemedim ki!" diye gerçek anlamda yas tutamaz. Bu maddi dünyada tekrarlanan doğum ölüm düzeninde "insan önerir, Tanrı verir".

Tıpkı insanın kişisel gereksinimlerine ve satın alma gücüne göre araba seçmesi gibi, bizler de kendi arzu ve faaliyetlerimize göre, bir daha sefere maddi doğanın bize ne tür bir beden ayarlayacağını belirleriz. Eğer bir insan, benlik idraki için kendisine verilen bu değerli yaşam suretini, sadece yemek yemek, uyumak, sevişmek ve bedensel savunma gibi hayvansal faaliyetlerle boşa harcarsa, Tanrı da onun bu tür duyusal zevklerini kolaylaştıracak, ama insan suretindeki gibi rahatsız edici yasakların ve sorumlulukların bulunmadığı bir türe verilmesine olanak sağlar.

Örneğin çok ve çeşitli yiyecek ve içeceği ayırım yapmaksızın mideye indiren obur bir şahsa, maddi doğa tarafından ayırım yapmaksızın çöp ve atığın zevkine varabileceği suretler olan bir domuz veya keçinin bedeni önerilebilir.

Bu liberal ödüllendirme ve cezalandırma sistemi ilk anda şaşırtıcı gelebilir, ama şefkatli bir Tanrı kavramına son derece uygundur. Canlı varlığın seçtiği duyu tatmininden keyif alması için uygun bir bedene gereksinimi vardır. Doğanın canlı varlığı istediği bedene yerleştirmesi, bireyin arzularının uygun şekilde gerçekleştirilmesidir.

Reenkarnasyonun net mantığıyla ortadan kaldırılan bir başka yanlış anlama da, her şeyin sadece bu yaşam süresindeki performansımızla ilgili olduğunu iddia eden dini dogmayla ilgilidir. Bu dogma bizi, kötü ve ahlaksız bir yaşam sürdüğümüz takdirde, kurtuluş için bir dua bile edemeden, cehennemin en karanlık köşelerinde ebedi cezaya çarptırılacağımız konusunda uyarır. Anlaşılabilir bir şekilde, hassas Tanrı bilinci olan insanlar, bu tür bir nihai adalet sistemini ilahi olmaktan ziyade şeytanca bulmaktadır. Bir insan diğerlerine merhamet ve şefkat gösterebilirken, Tanrı'nın bu tür duygular sergilememesi mümkün mü? Bu doktrinler Tanrı'yı, çocuklarının yanlış yola girmelerine izin veren, sonra da onların sonsuza kadar cezalandırılmasına ve eziyet çekmesine seyirci kalan kalpsiz bir baba gibi resmetmektedir.

Bu tür mantıksız öğretiler Tanrı ile O'nun yakın uzantıları, canlı varlıklar arasında var olan ebedi sevgi ilişkisini görmezden gelmektedir. Tanım olarak (insan Tanrı suretinde yaratılmıştır) Tanrı tüm özelliklere en üst kusursuzluk düzeyinde sahip olmalıdır. Bu özelliklerden biri de merhamettir. Bir kısa yaşamdan sonra insanın sonsuza kadar acı çekmek üzere cehenneme gönderilmesi görüşü sonsuz merhamete sahip yüce varlık kavramıyla tutarlı değildir. Sıradan bir baba bile oğluna yaşamını kusursuzlaştırmak için birden fazla şans tanır.

Vedik literatür tekrar tekrar Tanrı'nın yüce gönüllü doğasını över. Kṛṣṇa kendisinden açıkça nefret edenlere karşı bile merhametlidir, çünkü herkesin kalbinde bir yeri vardır ve tüm canlı varlıklara hayallerini ve tutkularını gerçekleştirme fırsatı verir. Aslen Rabbin merhametinin sınırı yoktur; Kṛṣṇa sınırsız ölçüde merhametlidir. Ve O'nun merhameti ayrıca nedensizdir. Günahkâr faaliyetlerimiz yüzünden hak etmiyor olabiliriz, ama Rab her bir canlı varlığı öylesine sever ki, doğum ve ölüm döngüsünü aşmaları için onlara tekrar tekrar fırsat tanır.

Kṛṣṇa'nın büyük bir adananı olan Kuntīdevī, Rabbe şöyle der: "Sen başlangıcı ve sonu olmayan Yüce Yöneticisin ve nedensiz merhametini dağıtırken, herkese eşit davranırsın." (Śrīmad-Bhāgavatam 1.8.28) Bununla beraber eğer herhangi biri sonsuza dek Tanrı'dan uzak durursa, bu Tanrı'nın intikamı değil, o bireyin yenilenen kendi seçiminden dolayıdır. Avrupa'ya Hint felsefesini tanıştıran Sir William Jones, neredeyse iki yüzyıl önce şöyle yazmıştır: "Ben bir Hindu değilim, ama Hintlilerin gelecekteki durumla (reenkarnasyon) ilgili doktrinini, Hıristiyanların korkunç sonsuz ceza inançlarından kıyaslanamaz şekilde daha akılcı, daha dindar ve insanı kötülük yapmaktan daha caydırıcı buluyorum."

Reenkarnasyon doktrinine göre, Tanrı kötü bir insanın yapmış olduğu en ufak bir iyiliği bile görür ve dikkate alır. Yüzde yüz günahkâr bir insan görmek oldukça nadirdir. Dolayısıyla eğer canlı varlık şu anki yaşamında en ufak bir spiritüel ilerleme kaydetse bile, gelecek yaşamında kaldığı yerden devam etmesine izin verilir. *Bhagavad-gītā*'da Rab adananı Arjuna'ya şöyle der: "Bu girişimde [Kṛṣṇa bilinci] kayıp veya eksilme olmaz ve bu yolda biraz olsun ilerleme kişiyi en büyük korkulardan korur [gelecek yaşamda insandan aşağı bir surette geri dönmek]." Böylece ruh yaşamlar boyu, doğasında var olan spiritüel özellikleri, bir daha maddi bedende dünyaya gelmesi gerekmeyene kadar, spiritüel dünyadaki asıl evine dönene kadar geliştirebilir.

Bu insan yaşamının özel kutsanmasıdır: bu ve geçmiş yaşamlarda gerçekleştirdiği dine aykırı davranışları nedeniyle kişinin kaderinde büyük acılar çekmek olsa bile, kişi Kṛṣṇa bilinci sürecine girerek *karma*sını değiştirebilir. İnsan bedenindeki ruh evrimsel açıdan orta noktada bulunmaktadır. Bu noktadan sonra canlı varlık aşağı düşmeyi veya reenkarnasyondan kurtulmayı seçebilir.

Geçmiş yaşam regresyonları bu bir hayli gelişmiş fenomeni açıklamak için eksik kalan teşebbüslerdir.

7
Neredeyse Reenkarnasyon

Mevcut bedenini geçmiş sonuç yaratan eylemleri nedeniyle almış olan canlı varlık, eylemlerinin sonuçlarını bu yaşamda sonlandırabilir, ama bu maddi bedenlere bağımlılığından kurtulacağı anlamına gelmez. Canlı varlık belli tür bir beden alır ve o bedenle eylemlerde bulunarak bir başkasını yaratır. Böylece büyük cahilliği nedeniyle tekrar tekrar doğup ölerek bir bedenden diğerine göç eder.

Śrīmad-Bhāgavatam 7. 7. 47

Sansasyonel haftalık Amerikan gazete ekleri reenkarnasyon konusunda bilimsel olmayan fikirlerle doludurlar ve neredeyse her hafta "şaşırtıcı yeni kanıtlar" sunarlar. Geçmiş yaşamlarımızla ilgili "gerçek doğruları" sunduğunu iddia eden gittikçe artan miktarda ciltsiz kitap piyasayı dolduruyor. Ama biz kime inanacağız? Neye inanacağız? *National Inquirer* ve benzeri yayınlar reenkarnasyon bilimi konusunda otorite olarak kabul edilebilir mi?

Beden dışı deneyimler reenkarnasyonun sıkça yayınlanan yüzeysel unsurlarından biridir. Bu beden dışı deneyim bildirimlerinin çoğunun doğru olması mümkün olmakla birlikte, bize gerçek yeni bilgi sunmazlar. Bu tür olayların bildirimi, okuyucuları bedenin ötesinde başka bir gerçek- bilinç veya ruh - olduğu konusunda ikna edebilir, ama bu yeni bir bilgi değildir, çünkü bu bilgi yıllardır vardır. *Vedalar* bilincin ruhun bir belirtisi olduğunu ve bu nedenle bedenden bağımsız olarak var olduğunu açıklamaktadır. 5.000 yıldan eski olan *Bhagavad-gītā*'nın ve diğer *Vedik* literatürün yüzeysel olarak incelenmesiyle bile, ruhun bedenden bağımsız olarak var olduğu açıkça ortaya çıkar. *Vedik* bilim öğrencisi için rüyalarda ve ölüme yakın deneyimlerde ruhun (zihin, zekâ ve sahte egodan oluşan) narin beden tarafından taşınarak geçici olarak maddi bedenin ötesine geçmesi şaşırtıcı değildir. Sahte ego bedeni ben olarak kabul etmektir. "Ben" duygusu egodur. Ruh madde tarafından kirletildiğinde ve şartlandığında, kendisini bedenle özdeşleştirir ve maddi doğanın bir ürünü olduğunu düşünür. Benlik duygusu gerçekliğe veya ruha yansıtıldığında, bu gerçek egodur.

Reenkarnasyon: Gerçek Beden Dışı Deneyim

Beden dışı deneyimler yeni bir konu değildir. Bunu herkes yaşar, çünkü rüyalar beden dışı deneyimden başka bir şey değildir. Uykuda (zihin, zekâ ve egodan oluşan) narin bedenin kaba bedeni terk ettiği ve narin düzlemde başka bir gerçekliğin tadına vardığı rüya durumuna geçeriz. Narin beden ölüm anında ruhun bedenden çıkmasına ve bir başka bedene, yeni bedene geçmesine yardımcı olan araçtır.

Sık görülen tip bir beden dışı deneyim, deneyimleyenin, çoğu durumda klinik olarak ölü ilan edildiği halde, kaza sırasında veya ameliyat masasının üzerinde, nasıl hiçbir acı ve rahatsızlık hissetmeden, kendi bedenlerini gözlemleyerek, bedenlerinin üzerinde havada dolandıklarını açıkladıkları, ölüme yakın olaylarda belgelenmiştir.

Kaba beden hareketsizken bile, narin beden aktif olabilir. Daha önce belirtildiği gibi, kaba beden yatakta uyurken, narin beden bazen bizi rüyalara taşır. Benzer bir olgu gün içinde hayallere daldığımızda çıktığımız zihinsel yolculuklarda ortaya çıkar.

Bazı özel durumlarda, ölüme çok yaklaşıldığında, kişi, araştırmacıların "ölüme yakın deneyim" diye adlandırdığı duruma girer. Bazı durumlarda ölüme yakın deneyim ve beden dışı deneyim terimleri birbirlerinin yerine kullanılabilir. Ölüme yakın deneyim esnasında, narin beden maddi suretin üzerinde dolanır. Ruh yaşamın temel prensibi olduğu için ait olduğu bedeni gözlemleyebilir. Bedenin tüm olanaklarına sahipmişçesine, görebilir, duyabilir ve koku alabilir.

Ölüme yakın deneyim esnasında, narin beden kaba suretin üzerinde dolanırken, beden, motoru çalışır halde bekleyen bir arabaya benzetilebilir. Arabanın sürücüsü bir an için arabadan inmiştir ve geri dönmezse, arabanın yakıtı biter ve motoru durur. Benzer şekilde ölüme yakın deneyim sırasında ruh geri dönmez ve bedenle tekrar bütünleşmezse, kişi ölür ve narin beden ruhu yeni bir yaşama başlamak üzere başka bir fiziksel bedene taşır.

Bu hakikat *Vedik* literatürde çeşitli yerlerde açıklanan temel bir prensiptir. *Bhagavad-gītā*'nın çok meşhur ve sıkça tekrarlanan dizeleri şöyledir: "Bedenlenmiş ruhun, bu bedensel surette çocukluktan gençliğe, gençlikten yaşlılığa geçmesi gibi, ölümde ruh benzer şekilde bir başka bedene geçer." Aklı başında olan kişi bu tür değişim karşısında sersemlemez. (Bg. 2.13.)

Yaşamımız boyunca farkında olmaksızın bir sonraki fiziksel bedenimizin narin suretini yaratırız. Tıpkı bir tırtılın bir yaprağı bırakmadan bir diğerine tutunarak yoluna devam etmesi gibi, yaşayan varlık da mevcut bedenini terk etmeden yeni bedenini hazırlamaya başlar. Gerçek ölüm anında, ruh, ikamet ettiği eski bedeni cansız kılarak, yeni bir bedene göçer. Ruhun, var olmak için bedene ihtiyacı yoktur, ama ruh olmadan, beden cesetten başka bir şey değildir. Ruhun bir bedenden bir diğerine geçmesine reenkarnasyon denir.

Kayda geçmiş yüzlerce ölüme yakın deneyim, zihin ve ruhun beden olmaksızın var olabileceğinin yeterli kanıtını sunuyor görünmekle birlikte, ölüme yakın deneyimler ölümde ruhun nihai hedefi hakkında bize kesin bilgi vermezler. Bu nedenle ölüme yakın deneyimler hakkındaki literatür bize reenkarnasyonu kabul etme konusunda bir temel hazırlasa da, reenkarnasyonun gerçek doğası ve ölüm deneyiminden sonra ruhun hedefi hakkında okuyucuyu bilgilendirmezler.

Hipnozla Geçmişe Dönüş Bize Tüm Resmi Göstermez

Reenkarnasyon hakkındaki bazı kitaplar, iddiaya göre deneklerin geçmiş yaşam veya yaşamlarından detaylar hatırladıkları, hipnoz altında geçmişe dönme vakalarına odaklanır. Bu kitaplardan biri, *"The Search for Bridey Murphy"*, 1950'lerde çok satan kitaplar listesine girmiştir. Elliden fazla gazetede dizi halinde basılmış ve dünya çapında sansasyona neden olmuştur. Kitap sonraki on yıllarda ortaya çıkacak olan bir sürü geçmiş yaşama dönüş konulu ciltsiz kitabın tarzını oluşturan bir prototip olmuştur. Bu tür kitaplar hala biraz olsun popülerliğini korumaktadır. Ama reenkarnasyon hakkındaki bu tür literatür sadece yüzeyseldir ve çok geniş bir konu hakkında bize, değişik şekillerde yanıltıcı olabilecek dar bir bakış açısı verir.

"The Search for Bridey Murphy"de yetenekli bir hipnozcu, orta yaşlı Amerikalı deneğini, Bayan Virginia Tighe'ı hipnozla geçmişe, son "enkarnasyonuna" döndürdü. Denek 1798 yılında İrlanda'da doğmuş, tüm yaşamını orada geçirmiş ve altmışaltı yaşında Belfast'ta ölmüş olan Bridey Murphy adında bir kız olduğunu iddia etti.

Hipnoz altındaki Bayan Tighe, Bridey'in çocukken yaşadığı ev hakkında detaylar açıkladı, ebeveynlerinin, arkadaşlarının ve akrabalarının isimlerini verdi ve "geçmiş yaşamından" ayrıntılar rapor etti. Kitap öldüğünde Bridey'in "spirituel dünya"ya girdiğini ve 1923'te Virginia Amerika'da tekrar doğduğunu açıkladı.

Araştırmacılar Bayan Tighe'in verdiği bilgilerden bazılarını doğrulayabildiler, lakin Bayan Tighe'in çocukluğuyla hipnoz altında anlattığı Bridey Murphy'nin çocukluğu arasında paralellikler de keşfettiler. Örneğin araştırmalar dört yaşındayken

Bayan Tighe'in halasıyla birlikte Bridey Murphy isimli bir kadının evinin karşısında yaşadıklarını ortaya koydu. Bunun sonucunda Bridey Murphy hikâyesi hala tartışma konusudur ve anlaşmazlıklarla doludur.

Bundan ve benzer birtakım vakalardan anlaşılabileceği gibi, en detaylı ve açıklamalı "geçmiş yaşam" anıları bile deneğin çocukluğunda geçen olaylar olabilir. Bu gibi vakaları inceleyen psikologlar, deneklerin, akla yakın ama tümüyle hayali "geçmiş enkarnasyon" açıklamaları yaptıkları hipnoz vakalarını bilinçli olarak teşvik etmişlerdir. Bu, hipnoz durumunda ortaya çıkan tüm "geçmiş yaşam" anılarının uydurma olduğu anlamına gelmez, ama gerçek anıları bilinçsiz hayallerden ayırmak epey bir gayret gerektirir ve çoğunlukla da olası değildir.

Hipnoz altında sadece çocukluk anıları değil, *herhangi bir* düşünce – çocuklukta duyulmuş olan hikâyelerin anıları, geçmişte okunan kitaplar veya tümüyle hayali olaylar ve durumlar – gerçek geçmiş yaşam deneyimleri ile karıştırılabilir. Bu nedenle reenkarnasyona hipnozla geçmişe dönüş yaklaşımı sallantılı bir zemine dayanmaktadır.

Geçmiş yaşama dönüşle ilgili bir başka hata da şu anki yaşamla geçmiş yaşam arasındaki açıklanamaz uçurumdur. Örneğin Bridey Murphy olduğunu düşünen denek geçmiş yaşamında 1864'te öldüğünü iddia etmiştir ki bu Bridey Murphy olarak, ölümüyle, "sonraki enkarnasyonu arasında altmış yıllık bir boşluk bırakmaktadır. Kitap bu sürede Bridey Murphy'nin ruhunun "spirituel dünya"da yaşadığını belirtir.

*Vedalar*da öğretilen reenkarnasyon ilkelerine göre, bunun oldukça olanaksız olduğunu öğreniriz. Gerçek reenkarnasyon sürecinde, ruh, ölüm anında maddi bedeni terk ettikten sonra, değişmez *karma kanunlarının* yönetiminde ve maddi doğanın ayarlamasıyla, bu evrende veya başkasında, belli bir biyolojik türde birinin rahmine girer. Ölümden sonra beden tarafından engellenmeyen, bedensiz ruh, akıl hızında yolculuk yapabilir; bu nedenle bedeni terk etmesi ve bir diğerine girmesi arasında önemsiz bir zaman farkı vardır. Ancak sadece tümüyle benlik idrakine varmış ruhlar reenkarnasyon döngüsünün ötesindeki spirituel dünyaya erişebilirler. Bu, maddi dünyada yaşamlar boyu şartlanmış olan sıradan bir ruh için olanaksızdır. Bununla birlikte her ruhun, bunu olası kılacak gerekli spirituel uygulamalardan geçtikten sonra, spirituel dünyaya ulaşma potansiyeli vardır.

Rab Kṛṣṇa'nın *Bhagavad-Gītā*'da (4.9) açıkladığı gibi: "Ey Arjuna, Benim görünümümün ve faaliyetlerimin transandantal doğasını bilen, bedenini terk ettiğinde, bu maddi dünyada tekrar doğmaz, aksine Benim ebedi mekânıma ulaşır." Rab, "sadece adanmış *yogi*ler olan yüce ruhlar asla acılarla dolu olan bu geçici dünyaya tekrar dönmezler, çünkü en yüksek mükemmelliğe ulaşmışlardır," diye açıklamasına devam eder. (Bg. 8.15)

Karma ve reenkarnasyon kanunları öylesine mükemmel işler ki, her maddi beden öldüğünde, doğa çoktan, bedenden ayrılmış ruhun girebileceği ve tekrar doğacağı, tam ruhun birikmiş karmasına uygun, bir maddi beden ayarlamıştır.

"Kişi bedenini terk ederken hangi varoluş halini hatırlarsa, kesinlikle o hali elde eder." (Bg.8.6) Ebedi spirituel dünyaya giren benliğini idrak etmiş ruhların tabi ki doğum, ölüm, hastalık ve yaşlılıktan oluşan bu geçici maddi dünyada tekrar ortaya çıkmak için ne yükümlülükleri ne de arzuları olabilir.

Reenkarnasyona geçmiş yaşamlara dönüş yaklaşımı, bazen aynı ruhun, değişik zamanlarda değişik bedenlerde yaşadığı gerçeğinin kanıtlarını ortaya çıkarır ve bu bilgi faydalıdır. Birçok yayınlanmış vaka, hipnoz altındaki deneğin açıkladığı "geçmiş yaşam" bilgilerinin oldukça doğru olduğunu teyit eder. Bazen hipnozla geri dönüş uygulamaları şüphe götürmez derin duyguların izlerini ortaya çıkarır. ABD de Ian Stewenson ve Avustralya'da Peter Ramster'ın araştırmaları, dikkatle belgelenmiş –doğruluğu sağlamak için pek çok vakada bağımsız gözlemcilerin yer aldığı - reenkarnasyon deneylerini kapsar. Bazı deneklerinin, yaşamlarında çok az ya da hiç ilgileri olmayan dillerde akıcı bir şekilde konuşmaları dikkate değerdir. Hatta bir kaçı artık kaybolmuş olan ama tarihsel kayıtlardan kontrol edilebilen eski dillerde konuşmuşlardır. Ramster'in bazı denekleri, onu ve bağımsız gözlemcileri, deneklerin daha önce hiç ziyaret etmedikleri yabancı ülkelerde sapa yerlerdeki evlere götürmüşlerdir. Bir kaç vakada bu binalar veya kalıntıları detaylı bir şekilde deneklerin "geçmiş yaşam evlerinin" tariflerine uymuştur. Bu tarifler, denekler, deneyin teyit safhasında ülke dışına çıkmadan, Ramster'in ofisinde teybe alınmıştır.

Bu tür dikkatle ve bilimsel şekilde yönetilen araştırmalar neredeyse tartışılmaz bir şekilde bizi reenkarnasyonun bir şekilde var olması gerektiği sonucuna götürmektedir. Maalesef bu araştırmalar bize ruh göçünün nasıl gerçekleştiği konusunda gerçek ve derinlemesine bilgi ve anlayış kazandırmazlar. Bu nedenle reenkarnasyona geçmiş yaşama dönüş yaklaşımı, olsa olsa son derece gelişmiş bir olguyu açıklamak için ilkel bir girişim olabilir. Dahası bu tür deneyleri (çoğu bilimsel olarak gerçekleştirilmemektedir) çevreleyen sansasyonellik, aşırı basitleştirme ve hatta üçkâğıtçılık, geçmiş yaşama dönüş metodunu, reenkarnasyon gibi karmaşık bir konuda, geçerli bir bilgi kaynağı olma konusunda ciddi şekilde kısıtlamaktadır.

Bir Kez İnsan, Hep İnsan!

Bir diğer popüler reenkarnasyon efsanesi, bir kez insan sureti edinenin, sonraki yaşamlarında hep insan suretinde dünyaya geleceği ve asla düşük türlerde dünyaya gelmeyeceğidir. İnsan olarak dünyaya gelmiş olabiliriz, ama daha sonra köpek, kedi, domuz veya başka alt türlerde doğabiliriz. Buna karşın ruh daha yüksek veya daha alçak bedenlere girmesine rağmen değişmez. Her durumda kişinin bir sonraki yaşamında edineceği beden tipi, kişinin bu yaşamda geliştirdiği bilinç ve değişmez karma kurallarıyla belirlenir. Tanrı'nın Kendisi tarafından tebliğ edilmiş olan, reenkarnasyon konusundaki en yetkili kaynak kitap *Bhagavad-gītā* (14.15) şöyle belirtir: "kişi cehalet hainde öldüğünde, hayvanlar âleminde doğar". Bu hayali "bir kez insan, hep insan" görüşünün bilimsel veya kutsal kitaplarda kanıtı yoktur. Bu görüş, hatırlanamayacak kadar uzun bir süredir milyonlarca insanın anladığı ve takip ettiği gerçek reenkarnasyon prensiplerine aykırıdır.

Ölüm Acısız bir Geçiş Değildir

Ölümle ilgili iyimser bir tablo çizen ve kişiye, bir sonraki yaşamda insan bedeninin garanti olduğunu garanti eden kitaplar tehlikeli biçimde yanıltıcıdır. Yazarlar ölümü güzel acısız bir geçiş, gelişimi deneyimlemek için bir olanak ve daha yeni ve yüksek boyutlarda bir bilinç ve dinginliğe ilerleme olarak tanımlamaya girişirler.

Modayı takip eden reenkarnasyon teorisyenlerinin çoğu, kısa bir kozmik uyuklama döneminden sonra, ruh yavaşça bir sonraki bedenine doğru ilerlerken, ılık bir sürüklenme, yüzme duygusu deneyimleyeceğimize inanmamızı isterler. Sonra zalim dış unsurlardan korunmuş bir şekilde, annemizin korumasından koptuğumuz çıkış vaktine kadar, rahatça kıvrılıp yattığımız sıcak bir insan rahmine girdiğimizi söylerler.

Tüm bunlar kulağa hoş gelir, ama acımasız gerçek doğum ve ölümün iğrenç, ıstırap verici deneyimler olduğudur. Büyük bilge Kapila Muni annesine ölüm deneyiminin gerçek doğası hakkında bilgi verir: "O hastalıklı durumda, içeriden gelen hava basıncı nedeniyle, kişinin gözleri yuvalarından fırlayacakmış gibi olur ve salgı bezleri salgılarla dolar. Nefes almakta güçlük çeker ve boğazından hırıltılar yükselir. Dokunaklı bir şekilde büyük acılar içinde ve bilincini kaybetmiş bir halde ölür." (Bhag. 3.30.16-18) Ruh bedende yaşamaya öylesine alışmıştır ki, ölüm anında doğa kanunları tarafından bedenden zorla çıkarılması gerekir. Kimsenin evinden zorla çıkarılmaktan hoşlanmayacağı gibi, ruh da doğal olarak maddi bedenden çıkarılmaya direnir. En küçük bir böcek bile yaşamı tehdit edildiğinde, ölümden kurtulmak için, akıl almaz yetenek ve teknikler sergiler. Ama tüm canlı varlıklar için ölüm kaçınılmaz olduğu gibi, onunla bağlantılı olan korku ve ıstırap da kaçınılmazdır.

Vedik literatür bize sadece benliğini idrak etmiş, aydınlanmış ruhların ölümü endişesiz deneyimleme gücüne sahip olduklarını bildirir. Bu mümkündür; çünkü bu tür son derece yükselmiş kişilikler, tüm maddi bedenlerden bağımsız, ebedi ve gayrı maddi varlığı olan ruh can oldukları bilgisine odaklandıklarından, geçici bedenlerinden tümüyle bağımsızdırlar. Bu yüce ruhlar sürekli spiritüel mutluluk halinde kalırlar ve ölüm anında bedensel ıstırap ve değişikliklerden sersemlemezler.

Ama maddi dünyada doğmak da hiç kolay değildir. İnsan cenini, şiddetle acı çekerek, annenin midevi ateşiyle yanarak, ani hareketlerle sarsılarak ve rahimde tüm bedeni kaplayan, küçük amniyon zarının, torbasının içinde olmaktan dolayı sürekli baskı hissederek, aylarca rahmin karanlığında sıkışık bir halde yatar. Bu sıkışık, kısıtlayıcı kese bebeğin sırtının bir yay gibi sürekli bükülmesine neden olur. Dahası doğmamış bebek açlık ve susuzluktan dolayı acı çeker ve karın boşluğundaki aç kurtçuklar tarafından tüm bedeni tekrar tekrar ısırılır. Doğum eziyetlidir. *Vedalar* doğum sürecinin kişinin hatırlayabileceği geçmiş yaşam anılarını kökünden yok ettiğini söylerler.

Vedik literatür insan olarak doğmanın nadir olduğunu açıklamaktadır. Bir başka deyişle maddi dünyadaki canlı varlıkların çoğu insan olmayan suretler edinmiştir. Bu, ruh, insan yaşamının amacından, benlik idrakinden vazgeçerek, hayvanca arzulara kapıldığında olur. Bu durumda ruh sonraki doğumunda hayvan veya hayvandan daha aşağı âlemlerde dünyaya gelir.

Popüler kitaplarda yer alan reenkarnasyon teorileri oldukları gibi, yani inançlar, fikirler, varsayımlar ve sadece spekülasyon olarak kabul edilmelidirler.

Fiziksel evren kanunlarla yönetilir. Narin evreni, ruh göçü

ve *karma* kanunlarını da içeren başka bir dizi kanun yönetir. Gerçek reenkarnasyon süreci, *Bhagavad-gītā* ve yüzlerce diğer *Vedik* literatürde tanımlanan, ince ama bağlayıcı doğa kanunlarının hükmü altında işler. Bu kanunlar kapris sonucu ortaya çıkmadılar; aksine Yüce Yönetici, Śrī Kṛṣṇa'nın yönetimi altındadırlar ve Kendisi bunu *Gītā*'da (9.10) şu sözlerle teyit eder: "Bu maddi doğa benim kontrolüm altında işlev görür. Onun hükmüyle yaradılış ve yok ediliş tekrar tekrar gerçekleşir."

Reenkarnasyon hakkında modaya uygun fikirler eğlenceli olabilir; ama kaderlerimiz, ne kadar çekici olurlarsa olsunlar, boş ve son derece basitleştirilmiş, yanlış ve yanıltıcı spekülasyonlara güvenemeyeceğimiz ve inanmayacağımız kadar önemlidir.

Diğer yandan *Vedik* literatür binlerce yıldır reenkarnasyon bilimi hakkında pratik, kapsamlı ve faydalı bilgiler sağlamaktadır. Bu bilgelik, zeki kişilerin kademeli olarak yükselen farkındalık aşamalarına ulaşmalarına ve sonunda doğum ve ölüm döngüsünden tamamen kurtulmalarına olanak sağlar. Bu, insan yaşamının gerçek hedefidir.

Kendimizi doğum ve ölümün sonu gelmeyen tekrarından kurtarmak için karma ve reenkarnasyon yasalarını anlamalıyız.

8

Geri Gelmeyin

Kadim Hindistan bilgeleri, insan yaşamının hedefinin sonsuz doğum ve ölüm döngüsünden kurtulmak olduğunu söylerler. Geri gelmeyin diye uyarırlar.

Her şeyi hesaba katacak olursak, doğum ve ölüm döngüsüne kapılmış olan canlı varlığın durumu bir anlamda, bir keresinde tanrıları zekâsı ile alt etmeye kalkışan, buna karşın hiçbir durumda kazanamayacağı bir kadere mahkûm edilen Yunan kahramanı, Corinth Kralı Sisyphus'unkine benzer. Kocaman bir kayayı bir tepeden yukarı yuvarlama cezasına çarptırılmıştı, ama kaya zirveye ulaştığında an yine aşağı yuvarlanıyordu ve Sisyphus bu çetin görevi her seferinde yinelemek zorunda kalıyordu. Benzer şekilde canlı varlık maddi dünyada bir yaşamı tamamladığında, reenkarnasyon yasaları gereği bir başkasına başlamak zorundadır. Her bir yaşamda maddi hedeflerine ulaşmak için tüm gücüyle çalışır, ama çabaları daima başarısızlıkla sonuçlanır ve o tekrar başlamak zorunda kalır.

Çok şükür ki bizler Sisyphus değiliz ve doğum ve ölüm döngüsünden kurtulmanın yolu var. İlk adım "Ben bu beden değilim" bilgisidir. *Vedalar ahaṁ brahmāsmi* der: "Ben saf ruh canım" ve ruh canlar olarak hepimizin Yüce Ruh Can, Kṛṣṇa veya Tanrı ile ilişkisi vardır. Bireysel ruh, Yüce Ruh ateşinden saçılan bir kıvılcıma benzetilebilir. Nasıl kıvılcım ve ateş aynı özellikleri taşırsa, bireysel ruh da Yüce Rabla aynı ruhsal özellikleri taşır. İkisi, ebediyet, bilgi ve büyük mutluluktan oluşan bir spirituel doğayı paylaşırlar. Başlangıçta tüm canlı

132 | REENKARNASYON BİLİMİ

varlıklar spirituel dünyada Tanrı'nın transandantal sevgili hizmetkârları olarak varlıklarını sürdürürlerken, canlı varlık bu ilişkiden vazgeçtiğinde, maddi enerjinin kontrolü altına girer. O zaman ebedi ruh, *karma*larına göre değişik bedenler alarak, tekrarlanan doğum ve ölüm döngüsüne girer.

Reenkarnasyondan özgür olmak için, kişi ayrıntılarıyla *karma* kanunlarını anlamalıdır. *Karma* Sanskritçe bir terim olup, modern bilimsel bir prensip olan etki ve tepkiye benzer bir doğa kanununu tanımlar. Bazen "Bunun geldiğini hissettim," deriz. İşleyişini tam olarak anlayamasak da, sıklıkla içgüdüsel olarak başımıza gelen iyi ve kötü şeylerden sorumlu olduğumuzu hissederiz. Edebiyat öğrencileri kötü niyetli kahramanların kötü kaderlerini betimlemek için "şiirsel adalet" deyimini kullanırlar ve dinler âleminde ilahiyatçılar "Göze göz, dişe diş" ve "Ektiğini biçersin," gibi özdeyişlerin anlamını tartışırlar.

Lakin *karma* kanunları bu belirsiz ifade ve özdeyişleri aşar ve özellikle reenkarnasyona uygulanabileceği şekliyle, etki ve tepki biliminin tamamını kapsar. Bu yaşamda, düşünce ve eylemlerimizle daha üst veya daha alt boyutta olabilecek bir sonraki bedenimizi hazırlarız.

İnsan suretinde yaşam çok nadirdir; ruh, milyonlarca alt biyolojik türlerde evrim geçirdikten sonra, insan bedeni alır ve canlı varlık sadece insan suretinde, *karma* kanunlarını anlayacak ve böylece reenkarnasyondan kurtulacak zekâya sahiptir. İnsan bedeni kişinin maddi varoluşun acılarından kurtulabileceği tek açık kapıdır. İnsan suretini doğru kullanıp, benlik idrakine ulaşamayan kişi bir köpek ya da eşekten beterdir.

Karmik reaksiyonlar saf özgün spiritüel bilincimizin aynasını örten toz gibidir. Bu kirlilik sadece Tanrı'nın Sanskrit isimlerinden oluşan Hare Kṛṣṇa [Hah-rey; Kriş-na olarak telaffuz edilir] *mantra*sını zikrederek temizlenir:

Hare Kṛṣṇa, Hare Kṛṣṇa, Kṛṣṇa Kṛṣṇa, Hare Hare
Hare Rāma, Hare Rāma, Rāma Rāma, Hare Hare

Bu *mantra*nın kişiyi *karma*dan kurtarma gücü *Vedik* literatürünün çeşitli bölümlerinde anlatılır. *Purāna*ların kreması *Śrīmad-Bhāgavatam* "Karmaşık doğum ve ölüm tuzağına düşmüş olan canlı varlıklar, Kṛṣṇa'nın yüce adını bilinçsizce zikrederek bile hemen özgürleşebilirler," tavsiyesini verir.

Viṣṇu-dharma da şöyle denmektedir: "*Kṛṣṇa* kelimesi öylesine hayırlıdır ki, bu kutsal ismi zikredenler birçok doğumdan gelen günahkâr faaliyetlerin sonucu ortaya çıkan eylemlerden anında kurtulabilirler. Ve *Bṛhan-Nāradīya Purāṇa*, Hare Kṛṣṇa *mantrası* zikretmeyi, bugünkü alçalmış çağda özgürleşmenin en basit yolu olarak över.

Bununla beraber etkili olabilmesi için, Hare Kṛṣṇa *mantrasının* Rab Kṛṣṇa'nın Kendisinden gelen *guru*lar zincirinden, gerçek bir *guru*dan alınması gerekir. Kişi ancak böyle yetkin bir *guru*nun lütfüyle doğum ve ölüm döngüsünden kurtulabilir. Tanrı'nın kendisi olan Rab Caitanya, *Caitanya-caritāmṛta*'da şöyle der: "Tüm canlı varlıklar karmalarına göre evrende dolanırlar. Bazıları üst gezegen sistemlerine yükselirler, bazıları da alt gezegen sistemlerine inerler. Dolanan milyonlarca canlı varlıktan çok şanslı olan biri, Kṛṣṇa'nın lütfüyle gerçek bir manevi öğretmen ile bağlantı kurma şansına ulaşır."

Böyle gerçek bir manevi öğretmeni kişi nasıl fark edebilir? Her şeyden önce manevi öğretmen Rab Kṛṣṇa'dan gelen yetkili bir *guru*lar zincirinde bulunmalıdır. Böyle gerçek bir manevi öğretmen gurular zinciri kanalıyla Rab Kṛṣṇa'nın öğretilerini alır ve bu öğretileri değiştirmeden, kendi manevi öğretmeninden duyduğu şekliyle sadece tekrarlar. O ne gayri şahsiyetçidir ne de hiçlik felsefesini benimser; aksine Tanrı'nın Yüce Şahsı'nın temsilcisidir. Dahası gerçek bir manevi öğretmen günahkâr faaliyetlerden tamamen arınmıştır (özellikle et yemek, caiz olmayan cinsellik, kumar ve uyuşturucu gibi eylemlerden) ve günün yirmi dört saati Tanrı bilincindedir.

Sadece böyle bir manevi öğretmen kişiyi reenkarnasyondan kurtarabilir. Maddi var oluş büyük bir doğum ve ölüm okyanusuna benzetilebilir. Yaşamın insan sureti bu okyanusu aşabilecek bir tekne gibidir ve manevi öğretmen bu teknenin kaptanıdır. Manevi öğretmen öğrencisine özgün spiritüel doğasına kavuşması için talimatlar verir.

İnisiasyon sırasında manevi öğretmen öğrencisinin kalan *karma*sını kendi üstüne almayı kabul eder. Eğer öğrenci gerçek *guru*nun, spiritüel öğretmenin talimatlarını kusursuz bir şekilde takip ederse, reenkarnasyon döngüsünden kurtulur.

Uluslararası Kṛṣṇa Bilinci Topluluğunun kurucu āçāryası Śrīla Prabhupāda bir defasında şöyle yazmıştır: "*Guru* büyük bir sorumluluk alır. Öğrencisine yol göstermeli ve kusursuz durum olan ölümsüzlük için aday olmasını sağlamalıdır. *Guru*, öğrencisini eve geri götürme, Tanrı'ya geri götürme konusunda ehil olmalıdır". Śrila Prabhupāda, kişi śravaṇadan, tüm sebeplerin sebebi yüce yönetici Kṛṣṇa'yı duymaktan başka bir şey yapmasa bile, o kişinin özgürleşeceğine sıkça garanti vermiştir.

Karma ve Reenkarnasyondan Kurtulmanın Pratik Yöntemleri

Sadece kişinin zihnini ve duyularını memnun etmeyi hedefleyen, duyu tatmin faaliyetleri maddi bağımlılık nedenidir ve kişi bu tür sonuç yaratan eylemlerle meşgul olduğu sürece, ruh kesinlikle biyolojik türden türe sürekli göç edecektir.

Kṛṣṇa'nın enkarnasyonu olan Rab Ṛṣabhadeva uyarır: "İnsanlar duyu tatmini için deli oluyorlar. Kişi, duyu tatminini yaşamın amacı olarak kabul ettiğinde, tabi ki materyalist yaşam için deli olur ve her türlü günahkâr faaliyetle meşgul olur. Geçmiş hataları yüzünden bedenlendiğini bilmez. Aldığı beden geçici olmakla birlikte acılarının kaynağıdır. Aslında canlı varlık maddi beden almamalıdır, ama bu maddi beden ona duyu tatmini nedeniyle verilmiştir. Bu nedenle zeki bir adamın, birbiri ardından, durmaksızın maddi bedenler edinmesine neden olan duyu tatmini faaliyetlerinde bulunmasını yakışık alır bulmuyorum. Kişi yaşamın manevi değerlerini sorgulamadığı sürece, hüsrana uğrar ve cehaletten kaynaklanan sefalete maruz kalır. İster günahkâr ister dindar olsun, karmanın sonuç yaratan eylemleri vardır. Eğer kişi herhangi tür bir karmayla ilgiliyse, zihnine *karmātmaka* veya keyif veren eylemlerle renklenmiş denir. Zihin saf olmadığı sürece, bilinç de saf olmaz ve kişi keyif veren eylemlere gömüldüğü sürece, maddi beden kabul etmesi gerekir. Canlı varlık cehalet haliyle kaplı olduğu zaman, bireysel canlı varlığı ve yüce canlı varlığı anlamaz ve zihni keyif veren eylemlere boyun eğer. Bu nedenle kişi Tanrı'ya sevgi duyana kadar, tekrar tekrar maddi beden kabul etmek zorunda kalmaktan kurtulamaz." (Bhag. 5.5.4-6)

Ama doğum ve ölüm döngüsünden kurtulmak teorik kavrayıştan fazlasını gerektirir. Kişinin maddi beden değil ruh can olduğu bilgisi veya *Jñāna* özgürleşmek için yeterli değildir. Kişi ruh can boyutunda davranmalıdır. Buna adanma hizmeti denir. Adanma hizmeti *karma* ve reenkarnasyondan özgürleşmek için bir sürü pratik teknik içerir.

1- Adanma hizmetinin birinci prensibi kişinin daima Hare Kṛṣṇa *mantrasını* söylemesidir: Hare Kṛṣṇa, Hare Kṛṣṇa, Kṛṣṇa Kṛṣṇa, Hare Hare / Hare Rāma, Hare Rāma, Rāma Rāma, Hare Hare

2- Benliğin doğası, *karma* kanunları, reenkarnasyon süreci ve benliği idrak etmenin yolları konularında derinlemesine bir anlayış kazanmak için, kişi düzenli olarak Vedik literatür, özellikle *Bhagavad-gītā* ve *Śrīmad-Bhāgavatam* okumalıdır.

3- Kişi sadece kutsanmış vejetaryen yiyecekler yemelidir. *Bhagavad-gītā*'da Rab Kṛṣṇa, kişinin sadece Kendisine sunulmuş yiyecekleri yemesi gerektiğini, aksi takdirde *karma*nın tepkilerine maruz kalacağını söylemektedir.

patraṁ puṣpaṁ phalaṁ toyaṁ yo me bhaktyā prayacchati
tad ahaṁ bhakty-upahṛtam aśnāmi prayatātmanaḥ

"Her kim Bana sevgi ve adanmışlıkla bir yaprak, bir çiçek,

meyve veya su sunarsa, onu kabul edeceğim." (Bg. 9.26) Bu dörtlükte, Rabbin Kendisine alkollü içki, et, balık veya yumurta değil, sadece sevgi ve adanmışlıkla sade vejetaryen yiyecek sunulmasını istediği gayet açıktır.

Yiyeceğin, fabrikada çalışan işçiler tarafından üretilemeyeceği üzerinde düşünmeliyiz. İnsanlar benzin, plastik mikroçipler veya çelikle beslenemezler. Yiyecekler, Rabbin Kendi doğal düzenlemeleriyle üretilir ve Kṛṣṇa'ya yiyecek sunmak, Tanrı'ya olan borcumuzu kabul etmenin bir yoludur. Kişi, Kṛṣṇa'ya nasıl yiyecek sunar? Yöntem sadedir ve uygulaması kolaydır. Herkes evinde veya dairesinde Rab Kṛṣṇa'nın ve spirituel öğretmenin birer resmiyle bir *altar* bulundurabilir. Kṛṣṇa'ya yiyecek sunmanın en sade şekli, yiyeceği resimlerin önüne koyup, şunları söylemektir: "Sevgili Rab Kṛṣṇa, lütfen bu mütevazı sunuyu kabul et" ve Hare Kṛṣṇa *mantrası* söylenir. Bu sade sürecin basit anahtarı adanmışlıktır. Tanrı yiyecek için değil sevgimiz için açlık duyar ve Kṛṣṇa tarafından kabul edilmiş bu saflaştırılmış yiyecekleri yemek kişiyi *karma*dan kurtarır ve maddi kirliliğe karşı aşılar.

4-Kṛṣṇa'ya vejetaryen yemek sunma olumlu prensibi otomatik olarak et, balık ve yumurtadan kaçınma olumsuz prensibini içerir. Et yemek gereksiz yere diğer canlıları öldürme işine ortaklık etmek anlamına gelir. *Karma* kanunları, kişi yemek için hayvan öldürürse, bir sonraki yaşamında onun da öldürüleceğini ve yeneceğini söyler. Bitkilerin canını almakla ilgili *karma* da vardır, ama bu, yiyeceği Kṛṣṇa'ya sunmakla bertaraf edilir, çünkü O bu tür vejetaryen yiyecekleri kabul edeceğini söyler. Kişi kahve, çay, alkol ve tütün gibi keyif verici ürünlerden de vazgeçmelidir. Keyif vericileri kullanmak cehalet haliyle bağlantılı olmak demektir ve bu da kişinin bir sonraki yaşamında daha alt bir türde doğması anlamına gelebilir.

5-Reenkarnasyon döngüsünden özgürleşmenin bir başka tekniği, kişinin çalışmalarının sonuçlarını Tanrı'ya adamasını içerir. Bedeni idame ettirebilmek için herkesin çalışması gerekir, ama eğer çalışma sadece kişinin kendi tatmini için yapılırsa, kişi *karma*nın sonuçlarını kabul etmeli ve iyi ve kötü reaksiyonları gelecek yaşamlarında üzerine almalıdır. *Bhagavad-gītā* çalışmaların Tanrı'yı tatmin etmek amacıyla yapılması konusunda kişileri uyarır. Adanma hizmeti olarak bilinen bu tür çalışmalar *karma* yaratmaz. Kṛṣṇa bilinciyle çalışmak adanmaktır. İnsan zamanını ve parasını Tanrı'yı memnun etmek amacıyla harcamalıdır. "Viṣṇu'ya adanarak çalışma yapılması gerekir, aksi takdirde çalışmalar maddi dünyaya bağlılık yaratır." (Bg. 3.9) Adanma hizmeti olarak yapılan çalışma kişiyi *karma* reaksiyonlarından kurtarmakla kalmaz, zamanla kişiyi Rabbin transandantal sevgi hizmetine yükseltir.

Kişinin mesleğini değiştirmesi gerekmez. Kişi, yazar olabilir, Kṛṣṇa için yazar; ressam olabilir, Kṛṣṇa için resim yapar; aşçı olabilir, Kṛṣṇa için yemek pişirir. Ya da eğer kişi yetenek ve becerilerini direk olarak Kṛṣṇa'nın hizmetinde kullanamıyorsa, kazancının bir kısmını dünyada Kṛṣṇa bilincinin yayılması için bağışlayarak, çalışmalarının karşılığını Kṛṣṇa'ya adayabilir. Buna karşın kişi yaşamını daima dürüst yollardan kazanmalıdır. Örneğin kişi kasap veya kumarbaz olarak çalışmamalıdır.

6-Ebeveynler çocuklarını Tanrı bilinciyle yetiştirmelidir. *Vedalar* ebeveynlerin çocuklarının *karma* reaksiyonlarından sorumlu olduklarını söyler. Bir başka deyişle eğer çocuğunuz kötü *karmaya* maruz kalırsa, siz de o *karma*nın bir kısmı için acı çekmek zorundasınız. Çocuklar, Tanrı'nın kanunlarına itaat etmenin önemi, günahkâr davranışlardan uzak durma ve Yüce Tanrı'ya olan sevginin nasıl geliştirileceği konularında eğitilmelidir. Ayrıca ebeveynler, çocuklarını *karma* ve reenkarnasyonun incelikli kanunları hakkında detaylı bir şekilde bilgilendirmelidir.

7-Kṛṣṇa bilincindeki kişiler caiz olmayan cinsel ilişkilere, evlilik dışı ve çocuk sahibi olma amacını gütmeyen cinsel ilişkiye girmemelidirler. Ayrıca kürtajın özel bir *karmik* reaksiyon yarattığı bilinmelidir. Doğmamış çocukların öldürülmesinde rol alanlar, kürtajı seçen bir annenin rahmine yerleştirilebilir ve aynı korkunç yöntemle öldürülebilirler. Fakat kişi artık bu tür günahkâr eylemlerde bulunmamaya razı olursa, kusur etmeden adanmışlıkla Tanrı'nın kutsal isimlerini zikrederek, bu karmik reaksiyondan kurtulabilir.

8- Kişi düzenli olarak, *karma*nın etkilerinden ve doğum ve ölüm döngüsünden kurtulmaya çalışan insanlarla bağlantıda olmalıdır; çünkü onlar evrene hükmeden spiritüel prensiplerle uyum içinde yaşarlar. Rab Kṛṣṇa'nın adananları maddi doğanın etkilerini aşarlar ve gerçek spiritüel özellikler göstermeye başlarlar. Nasıl ki hasta bir insanla ilişkimizde hastalık kapabilirsek, Kṛṣṇa'nın adananlarıyla ilişkimizde zamanla transandantal özelliklerimiz yeniden canlanabilir.

Bu basit yöntemleri izleyerek, herkes *karma*nın etkilerinden kurtulabilir. Eğer kişi bunları izlemezse, aksine maddi yaşamın etki ve tepkilerine bulaşacağı kesindir. Doğa kanunları son derece katıdır ve maalesef insanların çoğu onlardan habersizler. Ama kanunları bilmemek bir mazeret değildir. Hız yapmaktan tutuklanan biri, hâkime hız sınırı hakkında bilgisi olmadığını söyleyerek, kendisini affettiremez. Eğer bir kişi temizlik prensiplerinden habersizse, doğa onu hasta olmaktan kurtaramaz. Ve ateşin doğasından habersiz olan bir çocuk, elini ateşin içine sokarsa yanar. Bu nedenle kendimizi sonsuz doğum ve ölüm tekrarından kurtarmak için, *karma* ve reenkarnasyon kanunlarını anlamalıyız. Aksi takdirde bu maddi dünyaya tekrar tekrar geri dönmek zorunda kalırız ve her zaman insan olarak doğmayacağımızı hatırlamalıyız.

Koşullanmış haliyle ruh zaman ve mekân içinde sonsuz olarak seyahat eder. Evrensel *karma* kanunuyla, maddi evrenlerdeki çeşitli gezegenlerde farklı bedenlerde yaşar; ama nereye yolculuk ederse etsin, aynı şartlarla karşılaşır. Rab Kṛṣṇa'nın *Bhagavad-gītā*'da (8.16) söylediği gibi: "Maddi dünyadaki en üst gezegenden en altına kadar hepsi doğum ve ölümün tekrarlandığı ıstırap dolu yerlerdir; ama Benim mekânıma ulaşan kişi asla tekrar doğmaz." *Gītā* ve *Vedik* literatür bize yaşam yolculuğunun gerçek amacını öğreten talimat kılavuzlarıdır. Reenkarnasyon bilimini anlayarak, kendimizi *karma*nın gücünden kurtarır ve bilgi, büyük mutluluk ve ebediyetin hüküm sürdüğü anti madde bölgelere döneriz.

Kitapta Kullanılan Kısaltmalar

Bg. Bhagavad-gītā
Bhāg. Śrīmad-Bhāgavatam

Kitap içinde bazı kelimeler orijinal Sanskritçe haliyle kullanılmakta ve italikle yazılmıştır. Bunların anlamını sözlükte bulabilirsiniz.

Sözlük

A

Āçārya – davranışlarıyla tüm insanlara uygun bir dini örnek teşkil eden ve insanları eğiten spirituel öğretmen.

Adanma Hizmeti – kişinin düşüncelerini, kelimelerini ve eylemlerini sevgiyle Rab Kṛṣṇa'ya adadığı ibadet süreci.

Ahiṁsā – şiddetsizlik.

Altar – Tanrı'nın ve spirituel öğretmenin resimlerinin veya Tanrı Mūrtilerinin bulundurulduğu, yemeklerin sunulduğu ve duaların edildiği sunu köşesi.

Aśrama – yaşamın dört spirituel sınıfından biri – *brahmacārī-āśrama* veya öğrencilik yaşamı; *gṛhasta-āśrama* veya evlilik yaşamı; *vānaprastha* āśrama veya emeklilik yaşamı; ve *sannyāsa* āśrama veya feragat yaşamı; spirituel öğretmenin evi spirituel uygulamaların yapıldığı yerdir.

B

Benlik idraki – kişinin beden değil ruh olduğunu idrak etmesi.

Bhadrakali – Durgā'nın isimlerinden biri.

Bhagavad-gītā – Rab Kṛṣṇa ve öğrencisi Arjuna arasındaki yedi yüz kıtalık konuşmanın kaydı. Konuşma, iki ordu arasında yakın akrabaların birbirini katledeceği bir savaş başlamadan hemen önce gerçekleşti. Kṛṣṇa morali bozuk olan Arjuna'ya Mutlak Gerçek Bilimini ve adanma hizmetinin önemini öğretir ve bu kitap *Vedik* bilgeliğin özünü içerir. Śrila Prabhupāda'nın açıklamalarının bulunduğu İngilizce *Bhagavad-gītā*'ya olduğu gibi (As It Is) denir.

Brāhmaṇa – entelektüel, din adamı grubunun bir üyesi; *Vedik* bilgiye sahip; iyilik haline odaklı ve *Brahman*, Mutlak Gerçek hakkında bilgili. Mesleki yaşamın dört sınıfından biri: Brāhmaṇa, kṣatriya, vaiśya ve śūdra. Brāhmaṇalar entelektüel sınıftır ve görevleri *Vedik* literatürü dinlemek ve öğretmek, Tanrı'ya ibadeti öğrenmek ve öğretmek ve bağış almak ve dağıtmaktır.

Bhakti-yoga – duyu tatmini ve felsefi spekülasyon içermeden bhakti veya saf adanma hizmeti geliştiren sistem.

C

Caitanya-Mahāprabhu, (1486-1534) – Yüce Rab Kṛṣṇa'nın adanmış kul rolü oynadığı enkarnasyonu. Batı Bengal'de Navadvīpa'da ortaya çıktı ve *saṇkīrtana* yoluyla saf Tanrı aşkını öğretmek için, Rabbin yüce isimlerinin toplu halde zikredilmesini başlattı. Rab Caitanya Gauḍīya Vaiṣṇavaları tarafından Rab Kṛṣṇa olarak kabul edilir.

Caitanya-çaritāmṛta – "ebediyette yaşam gücünün niteliği" olarak çevrilir. On altıncı yüzyılın sonlarına doğru yazılan ve Śrīla Kṛṣṇadāsa Goswāmi tarafından derlenen, Rabbin oynadığı rolleri ve öğretilerini sunan, Rab Caitanya-Mahāprabhunun resmi biyografisinin başlığıdır. Bengali dilinde yazılmış olan ve pek çok Sanskritçe kıtalar içeren kitap, Rab Caitanya-Mahāprabhunun yaşamı ve öğretileri hakkında en güvenilir kitap olarak kabul görmektedir.

Canlı varlık – ruh.

Cehalet hali – maddi doğanın çılgınlık, yanılsama ve uykuyla tanımlanan hali.

D

Deja-vu – bu yaşamdaki bir nesnenin veya durumun daha önceki yaşamlarda da deneyimlenmiş olduğu konusunda net duygu.
Doğa halleri – erdem, ihtiras ve cehalet olarak adlandırılan Rabbin maddi enerjisinin üç hali.

E

Erdem hali – maddi doğanın üç halinden duyu kontrolü ve spirituel aydınlanma ile tanımlananı.

G

Gaṅgā – tüm evren boyunca akan, Hindistan'ın meşhur ve kutsal nehri Gaṅgā, Ganj. spirituel dünyadan kaynaklanır ve Rab Vāmanadeva tekmeyle evrenin tepesinde bir delik açtığında bu boyuta inmiştir. Saflaşmak için Ganj'a girilmesi tavsiye edilir. Gaṅgā Mahārāja Śantanu ile evlenmiş ve meşhur adanan ve savaşçı Bhīṣmadeva'yı doğurmuştur.
Gayri şahsiyetçilik – şahsiyetin nihai olarak bir yanılgı olduğunu hatalı bir şekilde kabul eden doktrin.
Guru – spirituel öğretmen.

H

Hare – Hare Kṛṣṇa *mantrasının* tohum kelimelerinden biri; Hara'nın seslenme hali olan Hare, Tanrı'nın yüce keyif enerjisidir ve koşullanmış ruhu Kṛṣṇa'yla temasa sokar.
Hiçlik Felsefesi – Her şeyin nihai olarak bir yanılgı olduğunu veya var olmadığını iddia eden doktrin.

İ

İhtiras hali – maddi doğanın yoğun bir şekilde dünyasal hedefler peşinde koşmakla tanımlanan hali.

J

Jñāna – bilgi. Maddi jñāna maddi bedenin ötesine geçemez. Transandantal jñāna madde ve ruhu ayırt eder. Kusursuz jñāna beden, ruh ve Yüce Rabbin bilgisidir.

K

Kaba beden – somut fiziksel elementlerden oluşan, koşullanmış ruhun dış örtüsü.

Kālī – Rabbin kişiselleştirilmiş maddi enerjisi.

Karma – 1.kutsal yazılardaki düzenlemelere göre gerçekleştirilen maddi eylemler; 2.maddi bedenin gelişmesine mahsus olan eylemler; 3.sonradan bir reaksiyon yaratan herhangi bir maddi eylem; 4.keyif veren eylemler sonucunda ortaya çıkan maddi reaksiyon; Sanskritçe olan bu kelimenin anlamı "eylem" veya daha kesin olarak bizi maddi dünyaya bağlayan bir reaksiyon doğuran her türlü maddi eylemdir. Karma kanunlarına göre, başka canlı varlıkların acı ve ıstırap çekmelerine neden olursak, karşılığında bizim de acı ve ıstırap çekmemiz gerekir.

Karmātmaka – aklı keyif veren eylemlerle meşgul olan kişi.

Kṛṣṇa – tüm yayılımların kaynağı olan Yüce Rabbin iki kollu özgün formu.

L

Lotus çiçeği – Lotus çiçeği nilüfer çiçeğine benzer bir türdendir. Lotus çiçeği tropikaldir; nilüfer çiçeği daha soğuk bölgelerde yetişir. Ayrıca lotus çiçeği su üzerinde (suya değmeden) yetişirken, nilüfer çiçeği suya değer durumdadır. Bu özelliği nedeniyle lotus çiçeği benzetmelerde saflığın sembolü olarak kullanılır.

M

Maddi arzular – kişinin fiziksel elementleri tatmin için kontrol etme ve kullanma eğilimi.

Maddi beden – koşullanmış ruhu kaplayan fiziksel elementlerden oluşan geçici suret.

Maddi dünya – yaradılışın tekrarlanan doğum ve ölümün döngüsünün yaşandığı kısmı.

Maha-mantra – özgürleştiren önemli zikir: Hare Kṛṣṇa, Hare Kṛṣṇa, Kṛṣṇa Kṛṣṇa, Hare Hare Hare Rāma, Hare Rāma, Rāma Rāma, Hare Hare; seslenme halinde Tanrının Şahsının ana isimlerinden oluşan yüce *mantra*. Bu *mahamantra* *Purāna*larda ve *Upaniṣad*larda bulunur ve zikredilmesi bu *Kali* çağında Tanrıyı idrak etmenin tek yolu olarak tavsiye edilir.

Mahārāja – kral, yönetici, *sannyasi* (yaşamın feragat düzeni).

Mantra – (*man*-zihin+*tra*-kurtarma) bu saf ses titreşimi sürekli tekrarlanınca zihni maddi eğilimlerinden ve yanılsamalarından kurtarır. Transandantal ses veya *Vedik* ilahi, dua veya zikir.

Maya – yanılsama; canlı varlığı Yüce Rabbi unutmaya sevk eden Kṛṣṇa'nın enerjisi. Olmayan, gerçek olmayan, aldatma, unutma, maddi yanılsama. Yanılsama içindeyken kişi bu geçici maddi dünyada mutlu olabileceğini düşünür. Maddi dünyanın doğası itibarıyla, kişi maddi durumu ne kadar kullanmaya çalışırsa, o kadar *maya*nın karmaşası içine çekilir.

Meditasyon – Benlik idraki amacıyla kişinin zihnini odaklaması süreci.

Mūrti – simge, şekil, suret.

N

Nārāyaṇa – Tanrının Yüce Şahsının "tüm canlı varlıkların kaynağı ve hedefi" anlamına gelen muhteşem dört kollu suretinin adı. Tüm canlı varlıkların ebedi istirahat yeri, Vaikuṇṭha gezegenlerinde yaşayan Rab Viṣṇu; Kṛṣṇa'nın yayılımı.

Narin beden – zihin, zekâ ve sahte egodan oluşan şartlanmış ruhun iç örtüsü.

Ö

Özgürleşmiş (aydınlanmış) ruh – kendisini maddi beden ve zihinle özdeşleştirmekten kurtarmış kişi.

P

Parsiler – Hindistan'da Zerdüşt mezhep.

Purāṇalar – beş bin yıl önce Hindistan'da Śrila Vyasadeva tarafından derlenen on sekiz önemli ve on sekiz ikinci derece kadim *Vedik* literatür; bu ve diğer gezegenlerin tarihini içerir; *Veda*ları bütünleyici bilgi içerir; evrenin yaradılışı, Yüce Rabbin enkarnasyonları ve yarı tanrılar ve aziz kralların hanedan tarihçeleri gibi konuları anlatır. On sekiz ana Purāṇa on önemli konuyu tartışır: 1) ana yaradılış, 2) ikincil yaradılış, 3) gezegen sistemleri, 4) *avatāra*ların korunması ve idame ettirilmesi, 5) *Manu*lar, 6) büyük kral hanedanları, 7) büyük kralların asil karakterleri ve eylemleri, 8) evrenin dağılması ve canlı varlığın özgürleşmesi, 9) *jiva* (ruh can), 10) Yüce Rab.

R

Rama – transandantalistler için sınırsız zevk kaynağı olan Mutlak Gerçeğin ismi; Treta-yuga'da Ayodhya'da ortaya çıkan Yüce Rabbin kusursuz, erdemli bir kral olarak enkarnasyonu, Rab Rāmacandra.

Reenkarnasyon – ölüm anında ruhun bir maddi bedenden diğerine geçmesi.

Rg Veda – dört *Veda*dan biri; *Veda*lar Yüce Rabbin Kendisi tarafından söylenen kutsal metinlerdir.

Ruh – Yüce Rabbin marjinal enerjisi, ebedi parçası olan ebedi canlı varlık

Ruh göçü – reenkarnasyona bakınız.

S

Samsara – Doğum ve ölüm döngüsü.

Sanskrit Dili (Sanskritçe) – dünyadaki en eski dil. *Veda*lar veya Hindistan'ın kutsal metinleri Sanskritçe yazılmıştır.

spirituel dünya – yaradılışın ebediyet, bilgi ve saadetle tanımlanan bölümü.

spirituel öğretmen – Canlı varlığın özgün ebedi bilincini uyandıran kişi.

Süper Ruh – *Paramātmā*, bedenlenmiş canlı varlığın kalbinde yaşayan ve tüm maddi doğayı saran Yüce Rabbin Viṣṇu yayılımının yerel unsuru.

Ś

Śravaṇa – Yüce Rab hakkında duyma süreci.

Śrimad-Bhāgavatam (Bhāgavata Purāṇa) – sadece Yüce Rabbe saf adanma hizmetiyle ilgili Vyāsadeva'nın "kusursuz *Purāṇa*sı".

T

Transandantal bilgi – ruh ve ruhun Yüce Rab, Kṛṣṇa'yla ilişkisini doğru şekilde anlamak.

U

Upaniṣadlar – *Veda*ların felsefesini içeren yüz sekiz Sanskritçe bilimsel inceleme. *Veda*ların en önemli felsefi bölümü ve cevheri olarak kabul edilen *Upaniṣad*lar *Veda*ların Āraṇyaka ve Brāhmaṇa bölümlerinde bulunur. Dinidirler ve Antik Çağların yüce bilgelerinin farkındalıklarını ve öğretilerini içerirler.

V

Vedalar – özgün *Veda* Śrila Vyāsadeva tarafından dörde bölünmüştür. Dört özgün *Vedik* kutsal yazın, *Saṁhitā*lar (Rg, Sāma, Atharva ve Yagur) ve 108 Upaniṣad, Mahābhārata, Vedānta-sūtra, vs... Ebedi bilgelik sistemi Yüce Rabbin edebi enkarnasyonu Śrila Vyāsadeva tarafından tüm insanlığın aşamalı olarak esaret durumundan özgürlük durumuna yükseltilmesi için derlenmiştir. Veda kelimesi "bilgi" demektir ve böylece daha geniş bir açıdan bakıldığında, özgün dört *Vedik Saṁhitā* ve *Upaniṣad*larda bulunan felsefi sonuçlarla uyumlu olan Hint Sanskritçe dini literatüre değinir. Transandantal âlemin ses vasıtasıyla doğa olaylarıyla ilgili olarak bu dünyaya gelen mesajları *Veda* olarak bilinir. Tanrının Yüce Şahsının Kendi kelimeleri olan *Veda*lar sonsuzluktan beri vardır. Başlangıçta Rab Kṛṣṇa *Veda*ları fiziksel doğa âleminde ortaya çıkan ilk ruh olan Brahmā'ya açıkladı ve daha sonra spiritüel gurular zinciri kanalıyla onun tarafından diğer ruhlara ulaştırıldı.

Viṣṇu – Yüce Rabbin Şahsının Vaikuṇṭha'daki dört kollu yayılımı. Özgün Yüce Rabbin Şahsı, Śrī Kṛṣṇa'nın tam yayılımı. Vişnu yaratılan evrenin bakımını yönetir ve maddi evrene yaradılıştan önce girer. Tüm yarı tanrılar ve bilgeler ona ibadet eder ve O *Veda*larda bilginin en iyisi, Mutlak Gerçek olarak tanımlanır.

Viṣṇudūtalar – ölüm zamanında kusursuzlaşmış adananları spirituel dünyaya götürmeye gelen Rab Viṣṇu'nun habercileri. Rab Viṣṇu'nun bu kişisel hizmetkârları görünüm olarak tıpkı kendisine benzerler.

Y

Yamadūtalar – Yamarāja'nın, ölümün efendisinin hizmetkârları.
Yamarāja – ölüm anında adanan olmayanları yargılayan ölüm yarı tanrısı. Güneş tanrısının oğlu ve kutsal nehir Yamunā'nın kardeşi.
Yarı tanrı – evrensel yöneticiler ve üst gezegenlerde yaşayanlar.
Yoga – kişinin bilincini Yüce Rab Kṛṣṇa'ya bağlamayı amaçlayan spirituel disiplin.
Yogi – yetkin yoga veya spirituel saflaştırma süreç çeşitlerinden birini uygulayan transandantalist; mistik *siddhi*leri veya *Paramātma* farkındalığını kazanmak için sekiz katlı mistik yoga sistemini uygulayan kişi.

BBT TÜRKİYE
Çağdaş Vedik Kütüphane Serisi

Özgün Bhagavad-gītā

Tarihi Kurukşetra Savaşı tam başlayacakken savaşçı Arjuna cesaretini kaybeder. Hayatından vazgeçmeye hazır, tamamen perişan bir halde, akıl danışmak için savaş arabasını süren arkadaşı Kṛṣṇa'ya dönüp, "Ne yapmalıyım?" diye sorar.

Sonrasında geçen konuşma, insanlığın kritik sorularını etkili bir şekilde ele alır: Hayatın amacı nedir? Öldüğümüzde ne olur? Zamana bağlı bu fiziksel düzlemin ötesinde bir gerçeklik var mı? Tüm sebeplerin nihai sebebi nedir? Kṛṣṇa, kapsamlı olarak tüm bunları (ve daha fazlasını) yanıtlar, sonra da kimliğini açıklar.

Śrīmad-Bhāgavatam

Vedik yazınında bulunan manevi öğreti koleksiyonları arasında Śrīmad-Bhāgavatam'ın en üst sırada geldiği düşünülür. Vedik yazının, arzulanan her neyse onu veren bir "dilek ağacı" olduğu, Śrīmad-Bhāgavatam'ın ise bu ağacın en olgun ve en lezzetli meyvesi olduğu söylenir.

Bazen de, tüm varlıklar ile Mutlak arasındaki ilişki ve gerçekliğin doğası konularını daha derinlemesine ele aldığı için, Śrīmad-Bhāgavatam'ın Bhagavad-gītā'nın bittiği yerden başladığı söylenir.

Bhāgavatam'da geçen on sekiz bin kıta; eski dünyada yaşayan yogīler, bilgeler ve benlik idrakine erişmiş kralların, hayatın nihai mükemmelliğine nasıl ulaşılacağına dair yaptığı yüzlerce sohbetten meydana gelir. Yaptıkları konuşmaların merkezinde genellikle Yüce Şahıs Kṛṣṇa'nın farklı enkarnasyonları ve adananlarıyla geçen meşgalelerine yönelik açıklamalar vardır. Eserin tümünü Vedalar'ı düzenleyen Vyāsadeva, tüm teistik bilginin özü olan Vedānta-sūtra üzerine yaptığı açıklamalar halinde derlemiştir.

Benlik İdraki Bilimi

Bu kitapta, büyük öğretmenlerin binlerce yıldır konuştuğu zamanı aşan bir bilimi keşfedeceksiniz.

BENLİK İDRAKİ BİLİMİ, içimizdeki benliğin, doğanın, evrenin, içteki ve dıştaki Yüce Benlik'in sırlarını ortaya çıkarıyor.

Burada dünyanın en seçkin benlik idraki bilimi öğretmeni, modern çağda meditasyon yapmak ve yoga yapmak, karma yasasından özgürleşmek, süper bilince ulaşmak ve çok daha fazlası hakkında konuşuyor. Bu özel kitap için seçilen tüm röportajlar, dersler, denemeler ve mektuplarda Śrī Śrīmad A.C. Bhaktivedanta Svāmī Prabhupāda şaşırtıcı bir netlik ve güçle konuşuyor. Benlik idraki biliminin günümüz dünyası ve kendi yaşamınızla ne kadar alakalı olduğunu kanıtlıyor.